표지 그림

정탁영 鄭晫永 화백

- 雅號 白樸
- 1937년 강원도 횡성군 출생
- 서울대학교 미술대학 회화과 졸
- 현재 서울대학교 명예 교수

- **개인전 - 6회**

2001.8 순회개인전 (킹스턴 대학 초청, 주한영국대사관 후원) 강연회 및 시연회
2003.7 서울대학교 정년퇴임 기념전 (서울대학교 박물관, 서울) 및 화집, 화문집 발간

- **단체전**

1967.5 제9회 동경국제비엔날레 (도쿄, 일본)
1971.2 제11회 쌍파울로국제비엔날레 (쌍파울로, 브라질)
2001.5 서울국제교류전2001 서울대학교 미술대학/파리팡떼옹 소르본 (소르본대학교, 파리, 프랑스)

- **작시, 작곡**

2009.9 선죽가(가곡)
2010.3 누나얼굴(동요)
2010.6 봄이왔네요(동요) - 박수근 45주기 기념
2011 별빛(가곡)
2011 아름다운 강가(동요)

힐링 · 힐빙의 세계 ①
두 자연의 하모니

2012년 9월 3일 초판 인쇄
2012년 9월 8일 초판 발행

저자 : 박헌렬 外
편집위원 : 이주행 · 박헌렬 · 허숭실 · 강상대
편집 : 고현진
발행인 : 고우용
발행처 : 도서출판 EnEco
등록일 : 2004년 2월 13일
출판등록 : 제 313-2004-00041호
주소 : 서울특별시 마포구 망원1동 338-53
전화번호 : 02)324-6577
팩시밀리 : 02)324-6177
정가 / 9,500원
ISBN / 89-954968-3-1 03810

힐링 · 힐빙의 세계 ①

힐 링 에 세 이

두 자연의 하모니

국제힐빙학회 엮음

도서출판 EnEco

머 리 말

과학기술문명 사회 속에서 인간 삶의 물질적 풍요와 생활의 편리는 괄목할 만한 성장을 이루었다. 인간은 인터넷을 통해 지구촌 곳곳과 실시간으로 소통하게 되었고, 교통·통신의 발달과 석유의 활용으로 지구 반대편까지 하루 만에 갈 수 있게 되었으며, 임상의학과 공중보건 및 예방의학 등의 발달로 전근대적 질병으로부터 해방될 수 있었다. 이러한 고도산업화의 혜택으로 인간 수명은 산업혁명 당시에 비해서 3배 이상 늘어난 장수시대에 접어들었다.

경제력의 증대와 풍요로운 물질적 혜택에 비례해서 인간 삶의 만족도는 증가했지만, 경제 성장과 물질적 풍요가 일정 수준에 도달한 이후에는 삶의 만족도가 높아지지 않는 이스털린 패러독스 현상이 나타난다. 이것은 일정 단계에 도달한 양적·물질적 성장은 질적·정신적 성장을 요구한다는 것을 의미한다.

지금 우리 사회의 형편은 어떠한가. 물질적으로나 정신문화적으로 썩어 병든 상황에 있는 게 아닐까. 이를 반영이라도 하듯이 시청자들이 어느 TV 방송의 '힐링 캠프'라는 프로그램에 공감하며 위안을 받고 있는 것만 봐도 우리 사회의 병리적 현상이 어느 정도인지 짐작이 가는 사례이다. 이렇게 병들어 신음하며 혼돈상태에 빠져있는 우리 사회는 치유를 간절히 바라고 있다. 여기에 융합학문의 하나인 '힐빙학'을 정립하고 발전시켜야 할 필요성을 발견하게 된다.

힐빙학은 양적 성장의 부작용으로 피폐해진 자연과 현대적 질병으로부터 고통 받고 있는 인간 삶의 자연성을 회복하여 높은 생활의 질을 영위할 수 있게 생태적, 문화적, 의학적, 정신적 조건을 연구하는 통섭적인 학문이다. 힐빙은 치유를 의미하는 heal 과 건강·안녕을 뜻하는 well-being이 결합된 개념이다. 힐빙은 웰빙과 로하스를 넘어서 다음 시대에 전개될 문화적 흐름이다.

높은 삶의 질은 경제적 풍요뿐만 아니라 신체적 건강과 정신건강 나아가 문화·예술의 향유를 통해서 구현될 수 있을 것이다. 이러한 높은 수준의 삶의 질이 지속가능하게 보장받기 위해서는 인간과 자연생태와의 상생적 관계가 기본적으로 이루어져야 한다. 이런 목표를 달성하는데 일조할 힐빙학의 기본 발상은 근대 영농 방식과 물질문명의 기본 편의의 틀에서 벗어나 자연과 하나 되며 인간을 포함한 모든 생명체들 고유의 생명 중심의 사유로 돌려보자는 데에 있다. 이러한 사조는 박이문 교수의 '인간 중심주의적 세계관'에서 '생태중심주의적 세계관'으로 전환해야 한다는 주장과도 맥을 같이하고 있다.

힐빙은 물질적 풍요를 추구하는 산업사회의 부작용과 병폐로부터 생긴 각종 불건강을 인문학과 과학기술 및 문화·예술을 융합해 예방하고 치유함으로써 자연과 인간의 조화로운 생태공동체를 추구하는 새로운 삶의 방식이다. 힐빙학은 물질적 가치보다는 건강한 심신을 유지하는 삶을 행복의 척도로 삼고, 건강한 자연 속에서 유기농산물과 명상 및 예술융합프로그램 등을 통하여 심신의 건강회복을 추구하는 분야이다. 이러한 학문을 체계적으로 연구하고 정립하기 위해 작년 9월에 국제힐빙학회가 창립되었다. 이 학회가 출범하기까지 10여 년의 세월이 흘렀으나 융합적인 성격을 띤 신생 학문이라 싹이 돋아나 자라는 데에 많은 분들의 관심과 애정 어린 보살핌이 요구되고 있다.

힐빙 개념을 우리 사회에 알리고 확산시켜 자연과 인간의 건강성을 동시에 회복하기 위한 일환으로 힐빙에 초점을 맞춰서 쓴 글들을 여기에 모았다. 학회에 참여하거나 관심이 많은 전문가들이 각자 자기 분야에서 미래에 전개될, 힐링과 힐빙 시대에 대비하기 위해 사색하고 고민하며 쓴 글을 모은 것이다. '힐링·힐빙 이야기'라는 제목으로 발간되는 이 책자가 힐빙 개념을 널리 전파하고 인식시켜서 우리 사회를 밝고 맑은 사회로, 건강하고 행복한 사회로 거듭나게 하는 데에 조금이라도 기여하길 바라는 마음 간절하다. 이 책자는 앞으로 매년 봄·가을 두 번씩 발간될 예정이다.

힐빙과 관련된 다양한 주제와 내용이 담긴 이 책자가 독자들에게 힐빙의 길을 열어가고, 지구촌 사회에 새로운 비전을 제시하는데 도움이 된다면 필자는 큰 행복감에 젖을 것이다.

2012년 9월 1일

국제힐빙학회장 박헌렬

차 례

김백균

대중미술 전성시대

논리적 사유가 그친 곳에서 어떤 직관에 의해 의미의
비약이 일어나고 그것이 삶의 본질을 꿰뚫는 순간
발생하는 쾌감, 사실 작품을 이해하는데 있어
그 쾌감을 얻는 마지막 한발이 어렵다.

현대미술에 관심이 많은 나는 적어도 2주에 한번은 인사동, 사간동, 효자동, 통인동 일대의 미술관과 갤러리를 돈다. 그러나 최근 들어 날이 갈수록 미술관이나 갤러리를 찾는 일이 불편하게 느껴진다. 언제부터인가 공공의 미술관들은 작품을 설명하는 도슨트를 앞 다퉈 채용하고 그들을 전시장 곳곳에 세워 두었다.

작품을 꼼꼼히 보고 있으면 어느 샌가 관객과 전시장 사이에 흐르는 침묵의 어색함을 참지 못한 도슨트가 달려와 작품을 설명해 주겠다고 한다. 참 친절한 일이다. 그 친절에 감동해서 작품에 대해 설명을 부탁하면 교육 받은 데로 열과 성을 다해 작품의 가치에 대해 설명하기 시작한다. "이 작품은 작가의 상상이 아주 재미있어요." 이제 미술작품도 말로 듣는 시대가 온 것인가? 시각으로 정보를 처리하는 미술은 말의 개입이 적을수록 그 고유의 기능이 살아나기 마련이다. 이것을 말로 설명해주겠다니! 작품을 앞에 두고 말은 하면 할수록 옹색해지고 작품의 맛은 점점 신선도를 잃어간다.

그렇다고 도슨트의 설명이 아주 무용지물인 것은 아니다. 작품이 탄생하기까지의 뒷이야기나 작가의 배경 같은 사전지식은 작품을 이해하는데 매우 유용하다. 내가 도슨트의 설명에 불편을 느끼는 까닭은 작품에 대한 해석과 가치판단까지 전달해 주려는 그들의 태도 때문이다. 미술을 감상하는 데 있어 만약 도슨트의 설명이 필요하다면 작품이나 작가에 얽힌 배경 같은 것에 국한되어야하는 것이지 작품의 가치에 대한 평가를 듣기 위한 것은 아니다. 작품이나 작가에 얽힌 배경 같은 기초지식은 그 작품이 위치한 좌표 같은 것이다. 그것은 논리적 또는 가시적으로 드러나는 것이고 작품의 진정한 의미는 그 다음에 온다.

논리적 사유가 그친 곳에서 어떤 직관에 의해 의미의 비약이 일어나고 그것이 삶의 본질을 꿰뚫는 순간 발생하는 쾌감, 사실 작품을 이해하는데 있어 그 쾌감을 얻는 마지막 한발이 어렵다. 아는 만큼 보이는 것은 사실이지만, 현대미술에 있어서 아는 만큼 보이는 것이 전부가 아니라, 그 아는 만큼 보이는 것을 뛰어넘어 느껴지는 것이 있고, 그것을 알아채는 일이 어렵다. 그 마지막 어려운 한발을 이해하기 힘들다고 하여 그것을 해석해 준다면 우리가 작품을 직접 마주대하고 볼 이유가 어디에 있겠는가! 이것은 마치 선불교에서 공안(公案)을 설명해 주는 것과 같다. 일본에는 공안사전이라는 것도 있다고 하지만 공안은 해석을 하는 순간 그 의미는 본래의 의도에서 멀어지기 마련이다. 미술작품의 해석도 이와 같은 것은 아닐까.

그렇다면 미술관에서는 왜 이처럼 시각적 의미를 말로 설명하려고 애쓰는 것일까? 그것은 아마도 미술관이 지닌 과도한 공공 혹은 사회적 책무의식 때문인지 모르겠다. 미술관을 운영하는 측에서 미술관은 공공의 기능이 있고 그 공공의 의무를 다하기 위해 대중을 위한 알기 쉬운 서비스를 제공해야 한다는 강박관념을 알게 모르게 지니고 있는 것이다. 대중사회에서 미술관은 누구에게나 열려있어야 하고 그러기 위해 예술은 고고한 것이 아니라 누구나 즐기기 위한 쉬운 예술이어야 한다는 것이다. 그러나 무엇을 위한 대중이고 누구를 위한 공공이란 말인가?

미술관이 누구에게나 열려 있어야 한다는 말은 맞지만, 그 안에 전시되는 미술품이 누구나 이해할 수 있는 쉬운 예술작품이어서는 곤란하다. 공공의 도서관이 누구에게나 열려있지만 그 안에 있는 도서의 지적수준이 누구나 이해할 수 있는 것은 아니지 않는가! 만약 미술작품이 누구나 이해할 수 있는 쉬운 것이라면 우리가 애써 미술관에 가서 작품을 볼 필요가 어디에 있겠는가! 이해가 안되므로 힘들여 이해하려고 노력하고 공감하고, 그것에서 어떤 삶의 이치를 발견했다면 감동을 받고 실천하려고 애쓰는 것이다.

단언컨대 예술은 결코 일용할 양식이 아니다. 예술은 도덕처럼 일상생활의 유지를 위해 꼭 필요한 것이 아니다. 예술은 마치 약과 같은 것이다. 약은 누구에게나 필요한 것이 아니라 몸이 아픈 사람에게만 필요하다. 예술 역시 누구에게나 필요한 것이 아니라 삶 속에서 물질과 정신적인 것 사이의 균형이 무너진 사람에게만 필요하며, 나아가 그것을 자각하고 그 균형을 유지하려는 사람에게만 유용하다. 물론 약에도 비타민처럼 누구에게나 다소의 예방차원에서 필요한 것이 있고, 암세포와 같은 특정부위에만 작용하는 특수약이 있다. 굳이 예를 든다면 대중예술은 비타민 같은 것이고 순수예술은 특수 약 같은 것이다.

예술이 일탈의 성격을 지닌 이상 예술은 결코 도덕과 같이 삶의 주류가 될 수는 없다. 모든 일상이 예술이 되는 예술적 삶이란 수식에 불과하다. 예술적 특성이 기존 세계관의 해체를 통해 새로운 세계관을 구성하는 것에 있다면 예술적 삶이란 매 순간이 부정되고 매 순간 새로 태어나는 삶일 것이다. 그 매 순간이 일신우일신(日新又日新)하는 삶이란 결코 다다를 수 없기에 이상이다. 만약 변화가 일상이 된다면 "아방가르드만 빼고 모든 것이 변한다."는 농담처럼 그 변화가 일상이 될 것이기 때문이다. 예술이 없으면 삶은 풍요롭지도 건강하지도 않게 될 것이지만, 언제나 파괴를 동반하는 예술이 우리의 일상을 구성할 수는 없는 노릇이다.

우리 사회에서 대중이라는 것은 어떤 의미인가? 이제 대중에 대해 다시 생각해 볼 때다. 사회는 대중에 의한 다수결의 원칙으로 구성할 수 있으나 가치조차 다수결의 원칙으로 이루어져서는 안 된다. "작가의 상상이 재미있지 않으세요? 이것은 대중예술이니까 마음 내키는 대로 느끼시면 돼요." 대중의 이름으로 행해지는 폭력이 사라질 때, 재미를 강요하는 도슨트도 사라질 것이다. 문화란 오며가며 부담 없이 즐기는 것이 아니라, 이해하는데 부담을 가져야 하고, 공부해야 하고 배움의 대가를 지불해야 하는 것이다.

§ **김 백 균** §

- 중앙대학교 예술대학 미술학부 교수
- 철학박사, 예술철학

김 신 자

물의 얼굴

물은 언제나 자기를 내어주는 희생적인 겸허함과
아무리 더러운 것일지라도 깨끗하게 해주는 포용력을 지니고 있다.

산업화를 위해서 기름이 절대적이라면,
물은 우리의 생존을 위해서 그와 비교할 수 없는 절대성을 갖는다.

끝없이 펼쳐진 밀밭 사이로 실개천이 흐르고 있었다.

물풀이 어우러진 실개천을 따라서 걸어갔다. 개천의 한쪽에서 낯익은 모습의 식물들이 문득 나의 눈길을 끌었다. 나는 그들에게로 다가갔다. 그것은 바로 미나리 들이었다. 시골에서나 시장에서 볼 수 있었던, 오랜 세월 동안 잊고 있었던 미나리들을 이곳 독일에서 보는 것이 너무나 신기했다. 미나리의 줄기로 담은 김치와 살짝 데친 미나리 잎의 무침. 그것은 향기와 더불어 아름다운 추억으로 되살아났다.

바람결을 따라 미나리의 이파리들이 흔들렸다. 이것을 집에 가지고 갈까?

유혹의 생각이 드는 순간, 나는 미나리 아래로 흐르는 물을 보았다. 맑고 깨끗한 물이 미나리 사이로 흐르고 있었다. 혹시 이 물 가운데는 독성이 포함되어 있을 수도…, 폐수의 독성에 대한 열띤 논쟁들이 문득 떠올랐다. 물 가운데 포함된 독성은 우리로서는 알 수도 없거니와 분간할 수도 없는 것이다.

물속에서 자라는 습성에 따라 미나리들은 실개천의 한쪽에서 무성하게 자라고 있는 것이다. 수질에 아랑곳 하지 않고. 그러나 흐르는 물속의 독성은 미나리의 뿌리에서 줄기로 잎 사이로 스며들고 있을 것이다. 경우에 따라서 이 미나리로 요리를 해먹는 사람은 심한 복통을 일으킬 수도 있고, 극단적인 경우에는 죽음에 이를 수도 있다. 그러면 그것은 누구의 책임인가. 주의하지 않고 그런 미나리를 먹은 사람이 바보라고, 피해자를 오히려 나무라는 사람도 나올 것이다. 왜 우리는 보기에 맑고 깨끗한 물을 의심하며, 그 속에서 자라는 미나리를 주의 어린 시선으로 보아야 하는가.

이와 함께 60년대에 경험했던 일이 떠올랐다. 경치 좋은 정릉의 한 동네 옆으로 맑은 물의 작은 시내가 흘렀다. 맑고 상쾌한 어느 여름날 아침, 시냇가로 간 나는 흐르는 물로 얼굴을 씻었다. 다음날 아침, 얼굴의 여기저기에 작은 부스럼 같은 것들이 돋아났다. 며칠 후면 없어 질 거라는 주위 사람들의 말을 들으며, 며칠을 기다렸다. 과연 그

것들은 사라졌는데 흉터는 오래 남아 있었다. 그 물속에는 공장의 폐수 등으로 인한 독성이 포함되어 있다는 사실을 나중에서야 알게 되었다. 실개천의 물은 나에게 오래 전의 나쁜 경험을 되살렸다. 그것은 알 수 없는 물의 현실에 주의를 하게 하였고, 미나리에의 반가움과 사랑마저 사라지게 했다.

물은 식물과 동물 그리고 인간을 포함한 이 지상의 모든 생물들에게 있어서 필수적이며 삶을 위한 본질적인 요소이다. 그러나 이 귀중한 물은 우리에게 가장 가까우면서도 가장 쉽게 잊혀지는 존재이다. 아침에 일어나면서 씻고, 마시고 세탁하는 것으로 시작되는 물과의 관계는 잠자리에 들 때까지 계속된다. 우리는 물이 마치 우리를 위해서 언제나 대기하는 것으로 당연하게 생각한다. 이 충실한 생명의 배려자에 대해서 우리는 과연 무엇을 알고 있으며 감사하고 있는가. 맑은 얼굴 속에 깊이 감추어져 있는 물의 신비와 겸허한 위력을 우리는 생각해 본적이 있는가.

물은 신비체이다. 그것은 움켜쥘 수가 없다. 우리가 손에 쥐었다고 생각하는 순간, 그것은 손에서 흘러내리고 없다. 그래서 혹자는 우리의 열망인 행복을 물에 비유하기도 했다. 물은 언제나 자기를 내어주는 희생적인 겸허함과 아무리 더러운 것일지라도 깨끗하게 해주는 포용력을 지니고 있다. 그것은 지혜롭고 다투지 않으며, 뛰어난 적응력을 가지고 있다. 굽은 길은 돌아서 가고, 담겨지는 그릇이라는 환경에 순순히 적응을 하며, 그러면서도 자기를 잃지 않는다. 이러한 물의 특성은 우리에게 많은 것을 시사하며, 자기 성찰과 숙고를 하도록 우리를 가르친다. 그런데 인간의 지혜를 다 모은다 해도 파악하기 어려운 물의 신비성과 맑은 물의 얼굴은 아직도 건재하고 있는가. 우리의 몸과 마음을 닦아주고 길러주는 물의 신비성과 그의 중요성은 우리로부터 점점 멀어지고 잊혀지고 있다.

공업화, 산업화의 가치는 물에 대한 우리의 생각들을 무관심과 냉담 가운데로 이끌어가고 있다. 마구 쏟아져 나오는 독성의 공업용수들, 하수구에 마구 흘려보내는 더러운 찌꺼기들, 화장실과 세탁용으로 이용되는 세척제들은 냇가로, 강으로, 바다로 흘러들어감으로써 물을 병들게 하고 그의 얼굴을 죽음의 색깔 속에 잠기게 하고 있다. 산업화를 위해서 기름이 절대적이라면, 물은 우리의 생존을 위해서 그와 비교할 수 없는 절대성을 갖는다. 기름의 확보를 위해 온갖 노력을 기울이면서도, 목이 마를 때 마음 놓고 마실 수 있는 물이 어느 날인가 부족을 일으킬까 봐 염려하는 사람은 많지 않다.

경제개발협력기구(OECD)의 보고서에 의하면 깨끗한 음료수가 점점 빠듯해지고 있다. 그리고 40년 후에는 90억 세계 인구의 거의 반에 달하는 많은 사람들에게 깨끗한 식수의 공급이 큰 문제가 될 것이라고 하였다. 식수 때문에 일어나는 크고 작은 분쟁들과 사막화 현상, 아프리카의 지속적인 한발 등등이 우리에게 일어나지 않을 거라고 누구도 장담 할 수 없다. 한국은 이미 경제개발협력기구의 국가들 가운데서 가장 심각한 물 부족 현상을 겪고 있는 것으로 평가되고 있다.

물은 우리의 미래이다. 메마른 인간의 심성을 촉촉하고 윤기있게 만들어 주며, 우리 건강의 근원인 물은 우리 삶의 전부라 해도 지나친 말은 아니다.

물의 맑은 얼굴을, 그의 순수한 성향을 다시 찾아주고, 깨끗한 식수의 유지와 보급을 위해 물을 아끼고 귀중하게 여겨야 한다. 물을 사랑하지 않고 그에게 감사를 하지 않으며 물을 아끼지 않는 인간들의 의식이 바뀌지 않을 때, 우리는 병들고 황폐한 물로 인한 재앙 속에 휘말릴 수 있다. 맑고 아름다운 얼굴을 잃어버린 물의 죽음은 바로 재앙의 시작이다.

§ **김 신 자** §

- 전 비엔나대학 교수, 철학박사(예술철학, 비엔나대학)
- 저서: 『Das Philosophische Denken von Tasan Chong』, 『The Philosophical Thought of Tasan Chong』, 『다산 정약용의 철학사상』

김 신 자

두 자연의 하모니

자연과 더불어 조화를 이루었던 인간의 천성과 사고는
그러나 산업혁명과 더불어 다른 양상으로 발전했다.

현상계의 자연이 건강한 모습과 그의 질서를 찾고,
인간의 자연성이 그와 하모니를 이룰 때,
새로운 세기를 위한 역사의 장은 열릴 것이다.

밝은 햇살이 온 누리에 퍼지고 있다. 온통 초록빛으로 둘러싸인 산책길.

요한 슈트라우스의 경쾌한 왈츠곡인 비엔나 숲 속의 이야기가 어디선가 들려옴직한 분위기다. 끝없이 이어지는 울창한 숲은 아름다운 비엔나를 돋보이게 하는 자연의 모습이다.

눈앞에 펼쳐지는 자연은 현상적인 세계로서 있는 그대로의 모습을 보여준다. 그의 거대함은 오만하지도 권위적이지도 않고, 고즈넉한 아름다움을 지니고 있다. 자연은 어느 누구도, 아무것도 강요하지 않는다. 나무들은 북풍한설의 겨울바람 속에서도 의연히 자기를 지킨다. 봄의 시작과 여름날의 무성함, 가을의 알찬 수확을 생각한다면, 이 겨울의 매서운 바람은 기꺼이 참아낼 수 있다는 자세이다. 그래서 옛 현인들은 자연의 질서 가운데서 삶의 지혜를 찾아냈고, 우주 삼라

만상의 천리를 사색하며 철학을 발전 시켰다.

자연 가운데에는 나무나 숲, 꽃들 뿐만 아니라 수많은 짐승들도 산다. 이들이 자연에 속해 있듯이 우리 인간들도 자연에 속한다. Karl Jaspers는 인간이 물질적인 형태 즉 육체를 가지고 있다는 면에서는 다른 짐승들처럼 자연의 일부에 속하는 존재라고 정의하였다.

다른 동 식물들처럼 인간은 자연가운데서 나고 성장하며 죽으면 자연으로 돌아간다. 흙에서 나고 흙으로 돌아간다는 것은 자연의 질서이며, 이 질서는 어느 누구에게도 예외 없이 적용된다.이런 의미에 있어서 자연은 인간의 중요한 삶의 원천이 되며, 보금자리이기도 하다.

이 현상적이고 구체적인 자연 외에 또 다른 자연이 있다. 그것은 비현상적인 자연으로서 우리 인간에게 주어진 천성이다. 또 다른 자연으로서 인간의 천성은 그 인간을 나타내고, 그들의 삶을 이끌어가는 중요한 관건이 된다. 인간은 누구나 특유의 천성을 가지고 있으며, 그것은 철학자들에 따라서 각기 다른 이론으로 전개되었다. 공자와 맹자는 인간의 천성을 성선설로 표현했고, 순자는 성악설을 주장하였다. 다산은 공맹의 이론을 그의 철학적인 관점에 따라 발전시켜서 인간을 도의의 성에 준거하는 도덕적인 존재로 보았다. 중세 사상에서는 인간을 짐승도 천사도 아닌, 동물적이고 천사적인 존재의 양면을 지닌 존재로서 표현 하였다.

현상적인 자연과 비현상적인 인간의 천성은 침묵과 상호간의 존중 가운데서 평화롭게 공존하였었다. 우리 선인들은 자연에의 외경과 더불어 자연의 질서를 불변적인 규범으로 생각하였다. 나쁜 짓을 하면 벼락을 맞는다고 철저하게 믿었던 시대의 사람들은 착한 인간의 심성을 보존하고자 노력을 했고, 자연의 순리에 따라 살고자 했다. 자연과 더불어 조화를 이루었던 인간의 천성과 사고는 그러나 산업혁명과 더불어 다른 양상으로 발전했다.

K.Jaspers는 인간을 생각하고 행동하는 창조적인 존재라고 하였다. 이 창조적인 존재로서 인간은 역사와 문화를 창조하고, 이상적인 사회의 구축을 위해 노력하는데 의미를 두었다. 그러나 산업혁명 이후의 급진적인 기계문명은 끊임없는 변화를 추구했다. 그것은 개선, 향상, 진보라는 미명하에 인간의 천성에 바탕을 둔 가치 체계와 사회구조의 변화를 가져왔을 뿐만 아니라 현상계인 자연계 까지도 뒤흔들어 놓았다.

자연과학과 기술의 발전에 의해서 자연은 더 이상 외경의 존재가 아니라 인간의 편리에 따라 바꾸어 놓을 수 있는, 무생물적인 존재로서 전락되었다. 산업화와 기계화를 통한 자연의 정복으로 현대인들은 금세기의 바벨탑 건설이라는 환상의 늪 속에 깊이 빠져 있다. 인간들의 무한한 이기주의와 탐욕스러움에 짓밟힌 자연의 황폐함은 한계에 달했고, 신음하기 시작했고, 소리를 지르고, 이제는 폭발의 단계에 이르고 있다.

꼬리를 물고 달리는 자동차가 뿜어대는 매연가스와 공장들의 폐수, 농약으로 인한 농토의 오염, 바닷물의 오염 등등으로 우리 생명의 본원인 자연은 거의 손을 쓸 수 없을 만큼의 심각한 중병에 시달리고 있다.

휴가를 즐기기 위해서 여행을 간 사람들이 급작스러운 산 사태로 죽음을 당했다.

넓은 가슴으로 우리를 평화스럽게 보듬어 주던 바다가 돌변하고, 광풍과 해일로 집들과 사람을 죽음으로 몰아넣었다. 후쿠시마의 쓰나미는 원자로의 파손과 더불어 바다를 오염시키는 심각한 결과를 가져왔다.

이 끊임없는 재해는 과연 누구의 책임인가. 재해가 일어나면 사람들은 하느님을 원망한다. 하느님은 우리에게 평화스럽고 윤택한 자연을 주셨고, 자연과 더불어 기쁘고 평화롭게 살도록 해 주셨다. 그러나 인간은 자연을 파괴하고, 자연이 저항으로서 재해를 일으키자 하느님을 탓했다. 이 얼마나 어리석고 이기적인 인간의 소치인가.

자연의 파괴는 곧 인간의 자연성의 파괴와도 연결된다. 내적인 평화를 모르고 심성의 불균형 가운데서 허덕이는 현대인은 자연의 재해와 인간의 자연성의 상실이라는 두 가지의 무서운 현실에 직면하고 있다. 모두가 인간 본위적인 사고와 행위에서 연유하는 두 가지의 재해

앞에서 우리는 극히 불확실한 상황가운데에 놓여 있는 것이다.

룻소는 자연으로 돌아가라고 했다. 그의 말은 역사와 인간의 업적을 부정하고 눈에 보이는 현상적인 자연에로 귀의하라는 것이 아니다. 그는 인간이 본래의 순수한 천성을 찾고, 다시 그를 통해 인간의 본래성을 회복하기를 촉구한 것이다.

아무리 물질적으로 풍요하고 안락한 삶이 우리에게 주어진다 해도 현상적인 자연과 인간의 자연성이 파괴되며 병들고 탐욕과 이기주의가 팽배할 때 우리에게 미래는 존재하지 않는다. 우리는 겸허한 자세로 다시 자연과 인간의 본래성을 회복시키도록 해야 한다. 현상계의 자연이 건강한 모습과 그의 질서를 찾고 인간의 자연성이 그와 하모니를 이룰 때, 새로운 세기를 위한 역사의 장은 열릴 것이다.

김 학 구

권태로운 겨울나기

원래 있던 곳에 머무르며
자연 그대로의 모습과 공존하는 것이야말로,
우리의 모든 것을 회복시켜 주는 근원임을.

어둠 속에서 방황하던 나의 잠재의식이 새롭게 단장되고
새 힘을 얻을 수 있는 것은,
내가 자연의 한 부분으로 서로 교감할 때라는…….

한동안 강추위가 이어진다. 며칠째 외출을 삼가고 집에만 갇혀 지내다 보니, 머릿속이 온통 거미줄 모양 뒤엉켜 버린다. 온몸이 스멀스멀 결리고 몸을 움직일 때마다 여기저기서 파열음이 들린다. 하릴없는 무위도식이 이렇게 극심한 권태감을 가져올 줄이야…….

책을 잡아도 글자들이 얼마 안 가서 하얗게 바랜다. 그 틈새로 잊어버렸음직한 옛날의 기억에서부터 최근의 씁쓸했던 사연들까지 독수리처럼 날개를 활짝 펴고 쉼 없이 장면을 바꿔가며 활개를 친다. 휙휙 빠르게 돌아가는 회전목마를 탄 듯 현기증이 더해져 정신마저 혼미하다. 이젠 추위를 걱정할 일이 아니라, 육신을 오그라들게 하는 마음의 요동에서 벗어나는 것이 먼저라는 생각이 솟구친다. 추위를 견뎌낼 단속을 하고 가까운 산으로 나선다. 한겨울의 찬 공기와 달리, 올려다

보는 하늘은 파란 물색으로 끝없이 청량하다. 가끔씩 한가로운 구름 장만이 햇살을 받아 금빛 날개를 단 채로 제 갈 길을 재촉하고 있다.

조금씩 가팔라지는 산등성이를 오르며 깊게 심호흡을 해 본다. 몸이 더워지고 이마에 땀방울이 솟기 시작한다. 마음 바닥에 흥건히 고여 있던 어지러운 흔적들이 하나씩 솟아오른다. 도대체 조금만 방심해도 사라질 줄 모르고 피어나는 이 끈질긴 괴물을 어찌해야 할까.

살아가는 동안에 수많은 갈등과 번뇌의 시간을 만나는 것이 우리네 삶이다. 혹자는 간단치 않은 인생살이를 쉽게 넘기는 듯하고, 또 누군가는 그 깊이도 모를 구덩이에 함몰되어 허우적대기도 한다. 보이지 않는 세력들과 과감하게 맞닥뜨리는 것에서 강한 삶의 희열을 구가하는 사람도 있지만, 숨이 턱에 차게 회의와 번민 속에서 발버둥치기도 한다. 문제는 이것이 선택의 문제가 아니라, 숙명처럼 다가오는 데 있다. 아무래도 나는 후자 쪽에 가까운 듯해서 입맛이 개운치 않다. 마음의 그늘을 쉽게 거두지 못해 씹고 또 곱씹으며 자신을 울타리 안에 가두는 데는 명수이기 때문이다.

이젠 본격적인 싸움을 시작할 때다. 불쑥불쑥 디밀어대는 창검들을 향해 힘겨운 저항이 시작된다. 여기저기서 고함소리가 들린다. 도움을 청하는 다급한 외마디 소리가 난무한다. 창검을 서로 맞닥뜨리며 요란한 금속성의 여운을 남긴다. 그 험난한 싸움 중에도 언뜻언뜻

청아한 쪽빛 하늘이 시야에 들어와 독려를 한다. 가늠하기 어려운 삶의 시공 속에서 승자나 패자가 있을 수 없는 싸움을 계속하다 보면, 남는 것이란 고작해야 타고 난 재의 흔적 같은 허탈함뿐이다.

스산한 몸과 마음을 추스르며 정상에 오른다. 확 트인 시야 속으로 몸담고 있던 거대한 세상이 용트림하듯 들어온다. 마음을 추스르는 것조차 힘들어했던 그 세계가 저만치서 몸체를 드러내고 말없이 서 있다. 움직임도 없이 고요하기만한 저 정물 속에, 고단한 삶의 에피소드가 얼마나 많이 숨어 있을까. 겉으로 드러나지 않는 오만가지의 번뇌와 고난을 감내하며 힘겹게 살아가는 도시의 파수꾼들에게 경건한 박수라도 보내고 싶다. 도시의 그림자가 긴 옷자락을 풀며 넘쳐나는 사연들을 실어오면, 속절없이 저 곳에서 멀리 떠나 있고 싶은 간절함이 서린다.

등을 돌리고 나무들 사이에 가만히 앉아 본다. 가녀린 바람이 얼굴을 스쳐간다. 조용히 눈을 감는다. 호흡을 가다듬으며 정신을 집중한다. 정적이 온 몸을 감싼다. 숨어 있던 자연의 숨결이 조심스럽게 깨어난다. 피아니시모(pianissimo)로 시작된 운율이 서서히 고조된다. 라르고(largo)에서 점차 가속이 붙는다. 솔 나무 가지를 지나는 바람은 강하게, 연하게 숨고르기를 반복하며 자연의 향연을 시작한다. 간간이 이름 모를 겨울새들의 합창이 현실을 일깨우듯 노래 속에 참여 한다.

미세하게 숨 쉬는 자연의 소리를 한 점 놓칠세라 조심스레 귓가에 담으며, 가슴으론 흙의 기운을 모아 본다. 아, 신비롭고도 웅장한 대자연의 교향곡이 울려 퍼지고 있다. 잔잔한 열락(悅樂)의 물결이 가슴으로 밀려온다. 무겁게 무장되어 있던 마음 한 쪽의 빗장이 조금씩 풀린다. 그 틈새로 구겨진 채 숨죽이고 있던 의식들이 기웃거린다. 몸과 마음도 어느새 겨울이 부르는 합창 속으로 이내 동화되어 간다. 어깨를 무겁게 누르던 한숨의 보따리도 동여매어 있던 끈 자락을 풀고 탈출을 시도한다. 흐르는 선율 속으로, 멀어져 가는 바람결을 타고 하나씩, 둘씩 사라져 간다. 자유롭다, 개운하다, 뜨악했던 정신이 맑아지며 새로운 기운이 샘솟는다.

이런 치유의 힘은 어디에서 오는 걸까? 자연의 한 부분으로 태어나, 그 안에서 호흡하는 인간은 결국 본연의 세계 속에 머물러야 한다는 것일 게다. 절대 가망이 없다고 선고를 받았던 불치의 환자들이, 깊은 산 속에 은거하여 기적처럼 회생하는 경우를 본다. 먹을거리조차도 대부분 산속에서 채취하며 인공의 것들을 멀리하는 모습들도 있다. 원래 있던 곳에 머무르며 자연 그대로의 모습과 공존하는 것이야말로, 우리의 모든 것을 회복시켜 주는 근원임을 새삼스레 깨닫게 되는 순간이다.

감중련(坎中連)을 하고 있던 몸으로 찬 기운이 스며든다. 훌훌 자리를 털고 일어나 꿈결 같은 시간 여행을 잠깐 되돌아본다. 까닭 모를 미소가 입가에 번진다. 갑자기 불투명해 보이던 내일이 이파리 위의 잔 이슬처럼 영롱하게 빛난다. 산을 내려가는 발걸음도 나무 위에서 지저귀는 산새 소리만큼이나 새롭다. 산을 오를 때의 번잡하던 마음은 씻김을 받은 듯이 텅 비워지고, 하늘가를 스쳐가는 흰 구름만이 유유히 흘러간다.

어둠 속에서 방황하던 나의 잠재의식이 새롭게 단장되고 새 힘을 얻을 수 있는 것은, 내가 자연의 한 부분으로 서로 교감할 때라는 값진 깨달음을 얻는다.

§ **김 학 구 (金學九)** §

- 〈한국수필〉등단
- 한국수필가협회
- 한국수필작가회 회원
- 〈이음새〉에세이문학회 회원

류 근 조

힐빙을 위한 인문학적 상상력과 그 통합적 사유구조

현상과 상생과 초월의 詩를 중심으로

'공학도는 적어도 셰익스피어를, 그리고 인문학도는 적어도 열역학의 제 2법칙 쯤은 알아야 된다'는 당시의 당위론적 수준을 훨씬 뛰어넘어서 말이다.

이 시는 새와 나무의 만남을 통하여 쉽고도 명징하게 세상엔 서로 무관한 것은 존재하지 않는다는 것을 깨닫게 해주고 있다. 이른바, 우주 속 순환적 삶의 원리를 주제로 한 상생시다.

며칠 전 집필실에서 귀가를 서두를 무렵 어디선가 정체불명의 전화 한 통이 걸려왔다. 구체적인 내용인 즉 내가 쓴 논문을 읽고서, 앞으로 자기 회사의 미래지향적 성장과 발전을 위해 기존의 경영마인드에 인문학적 상상력의 접목을 시도해보고 싶다는 내용이었다.

지금은 벤치마킹 또는 아웃소싱 등의 용어를 굳이 인용하지 않는다 해도 통섭과 융합의 시대인 것만은 분명한 것 같다. 1960년대 시카고대학의 Zeda 교수가 크리스프(crisp: all or nothing)기준에 반한 퍼지(fuzzy:적당주의) 이론을 제기한 이래 오늘날 시대적 추세는 어떠한가. 믿기지 않는 면도 없진 않으나 '인간은 기계를 닮고 기계는 인간을 닮아야 산다.' 는 주장까지 나오고 있는 현실 아닌가. 옛 대학 신입생 시절 배웠던 교양과목의 학문적 기준으로 보면 '공학도는 적어도 세익스피어를, 그리고 인문학도는 적어도 열역학 제 2법칙 쯤은 알아야 된다는 당시의 당위론적 수준을 훨씬 뛰어넘어서 말이다. 실제로 서로 다른 학문끼리 그 경계와 영역을 넘나들며, 이를테면 동물 생태학적 상상력을 전자제품 혹은 기타 생활제품에 접목시켜 엄청난 대박을 이어가고 있음에랴!

그뿐인가. 최근에 이루어진 유명한 신학자와 진화 생물학자 간의 대담을 볼 때, 이 글의 논지상 약간의 외연확대가 될지는 모르나, 심지어는 "종교와 과학의 근본주의는 서로에게 모두 위험하니 종교와 과학은 서로 잡아먹힐 것 같다는 공포를 극복하라"는 공개적 주문까지도 있었다.

물론 이 같은 대학자들의 거대 담론에 비하면 아주 미시적 고찰이긴 하나, 필자는 최근에 전 지구적 차원에서 현대문명의 발달, 과학의 일방적 항진(亢進)으로 인한 생태환경 파괴에 따른 힐빙적 삶의 모색을 위해 구체적인 대안 제시를 시도해 본 바가 있다. 즉 '한국 현대시의 시대별 언어치환, 그 통시적 대응양상' 이란 논문에서 1960년대를 기점으로 현재까지 환경변화에 따라 시대별로 한국 현대시에 나타난 언어적 감수성을 전제로 한국 현대시의 변용 양상 그 몰골을 면밀히 들여다 본 것이다. 하지만 이 논문이 인식론적 차원에서 지식의 체계적 통일을 염두에 두고 썼던 논문형식의 글이라면, 본 수필은 보다 포괄적이고 유연하며 알기 쉽게, 그 외연 안에 스며있는 개연적인 힐빙적 사유구조의 이해를 염두에 두고 쓴 글이라고 할 수 있다.

필자는 이 시대에 와서 단지 언어적 치유가 먼저 이루어져야 할 힐빙적 방법의 일부가 아니라고 생각한다. 파괴되고 오염된 인간 삶의 터전인 지구환경의 회복을 위해 가장 먼저 선행되어야 할 목적 지향적이고도 근원적인 문제라고 생각한다. 즉, 이같은 정신영역의 처방적 치유없이는 기타의 가시적이고 인위적인 노력 자체가 별다른 의미를 가질 수 없다고 보는 것이다.

그럼 이제부터는 이 글의 논제로 상정한 이른바 힐빙을 위한 인문학적 상상력, 그 통합적 사유구조가 당위론적이고 목적 지향적 관점에서 볼 때, 단계별로 어떤 과정을 거쳐 극복되고 실현되어야 할지를 논리가 아닌 정서적, 언어적 형상화를 통해서 보여준 한국 현대시 작품 세 편을 예로 들어 설명해 보겠다.

이형기 시인의 '달의 자유' 유하 시인의 '나무를 낳는 새'와 차창룡 시인의 '나무 물고기'가 그것이다.

달의 자유

이 아파트 단지에서는
아무도 달을 쳐다보지 않는다

증권시세표가 아닌 달
그래서 달은
대낮에도 15층 옥상에 내려와서
나물 먹고 물 마시고
팔을 베고 누워서
오 자유여
이제야 제 시간 제 맘대로 즐기는
실업자가 된 달이여

–이형기 시집 '죽지 않은 도시'중에서

이 시를 통해, 우리는 인류의 과학적 발전에 힘입어 달에 인공위성을 쏘아 올린 이후 달은 옛날처럼 사람들의 마음과 마음을 간절하게 이어주던 그래서 믿음이 삶을 규제하여 공동선으로 이끌어주던 신비로운 대상이 아니다. 모래폭풍이나 이따금 휘몰아치는 거대한 암석덩어리에 불과할 뿐……. 물질 만능주의에 빠져 경제적 가치나 효용성만을 좇는 현대문명에 대한 통렬한 반성이 깃든 풍자 속에 꿈을 잃은 인간들의 허전함과 삭막함이 함께 배어 있는 그런 시다.

나무를 낳는 새

찌르레기 한 마리 날아와

나무에게 키스했을 때
나무는 새의 입속에
산수유 열매를 넣어 주었습니다

달콤한 과육의 시절이 끝나고
어느 날 허공을 날던 새는
최후의 추락을 맞이 하였습니다
바람이, 떨어진 새의 육신을 거두어가는 동안
그의 몸 안에 남아있던 산수유 씨앗들은
싹을 틔워 무성한 나무가 되었습니다---(후략)---

-유하 시집 '나의 사랑은 나비처럼 가벼웠다'중에서

이 시는 새와 나무의 만남을 통하여 쉽고도 명징하게 세상엔 서로 무관한 것은 존재하지 않는다는 것을 깨닫게 해주고 있다. 이른바, 우주 속 순환적 삶의 원리를 주제로 한 상생시다.

나무 물고기

물고기는 죽은 후 나무의 몸을 얻어
영원히 물고기가 되고
나무는 죽은 후 물고기의 몸을 입어

여의주 입에 물고
창자를 꺼내고 허공을 넣으니
물고기는 하늘을 날고
입에 문 여의주 때문에 나무는
날마다 두들겨 맞는다

여의주 뱉으라는 스님의 몸둥이는 꼭
새벽 위통처럼 찾아와 세상을 파괴한다
파괴된 세상은 언제나처럼 멀쩡하다
오늘도 이빨 하나가 부러지고 비늘 하나가 떨어져 나갔지만

–차창룡 시집 '나무 물고기'중에서

이 시에서는 일반적인 선과 악, 호불호(好不好)와 같은 2분법적 사고가 통하지 않는다. 단지 시인 자신의 자유로운 상상력과 의식의 해체를 통해 세계나 대상 자체를 총체적으로 파악하려는 구도적 사유와 초월의 자유가 지배하고 있을 뿐……. 한마디로 앞의 유하의 시가 관계론적이고 상생적 의미로 읽힐 수 있다면, 이 시는 그 단계를 훨씬 뛰어넘는 통합적 관계 설정을 전제로 하고 있다. 즉 한 덩어리로 응축된 한 편의 시적 의미망 안에 이와 관계된 실핏줄 하나까지도 연결하는데 소홀함 없이 구도적 사유를 통한 초월적 세계를 이루어 내고 있는 것이다.

시는 뛰어난 감수성과 상상력, 그리고 통찰력과 직관을 필요로 한다. 지진계와 안테나 역할은 물론 때로는 인간회복과 치유를 위하여 원예가나 혹은 기상대원 또는 간호사의 역할까지 해낸다. 그리고 참된 절망을 노래할망정 헛된 희망을 노래하진 않는다. 그런 의미에서 보면 앞에서 인용 적시한 바 있는 필자의 논문은 1960년대 이후 현재까지의 한국 현대시에 나타난 생태환경 변화에 따라 밀어닥친 위기의 진단적 의미를 띤 언어적 감수성의 경고어린 보고서라고 보면 좋을 것이다.

그리고 본 수필은 한걸음 더 나아가 개연성을 전제로 글로벌 차원에서 인문학적 상상력과 통합적 사유로 병든 지구의 환경을 치유하고 또 극복해 나아가야 할 본질적 방안과 방향성을 제시한 것이라 할 수 있다. 즉, 시 '달의 자유'에선 과학의 일방적 발달에 따른 도시화와 같은 열악한 환경변화가 생태사회학적 한계를 훨씬 뛰어넘고 있다는 그 심각성에 대한 정확한 인식을, 그리고 시 '나무를 낳는 새'에선 대립적이거나 지배논리가 아닌 상생적 관계설정의 중요성을, 그리고 끝으로 시 '나무 물고기'에서는 위의 두 편의 시적 구도상 상위개념의 극복 단계로서 시적 상상력과 통합적 사유구조를 보여 줌이 그렇다.

상식적인 차원에서도 건전한 정신이 수반되지 않은 건강한 육체를 생각할 수 없듯이, 힐텍을 앞에서 이끌 견인차로서 위 세 편의 시와 같은 힐빙 차원의 구심력을 지닌 문화적 자장을 형성하기 위한 전 인류적 공통인식과 노력은 우리들에게 필수적이라 아니할 수 없을 것이다.

§ 류 근 조 §

- 1941년 익산 생,인문학자(文搏),시인, 아호(雅號) 이경(裡耕)
- 1966년 문학춘추(文學春秋) 신인상 시부 당선
- 중앙대 국문과 명예교수
- 시집: 『나무와 기도,환상집』, 『나는 오래전에 길을 떠났다』(여행시집)등 10여권
- 학술서: 『한국 현대시의 구조와 형성이론』
- 문학전집: 시전집(1권), 시론집(2권), 시인론(3권), 산문집(4권)등 다수

박 헌 렬

쓰나미, 방사능 그리고 벚꽃

우리가 핵공포에서 벗어나려면……,
의식과 삶의 방식을 근본적으로 바꾸고 지속가능한 생활방식으로
실천할 때에 희망의 빛이 보이지 않겠는가.

쓰나미가 휩쓸고 간 1년 후에도 꽃망울을 터뜨린 후쿠시마의 벚꽃!

2011년 3월11일.

일본 동북부에서 대지진이 발생하여, 거대한 쓰나미가 연안을 휩쓸고 간 날이다. 그 여파로 발생한 후쿠시마원전 방사능 누출사건. 수만 명의 사상자와 수 십만 명이 정든 보금자리를 등지고 떠난 끔찍한 재앙이었다. 그러나 쓰나미가 휩쓸고간 한 달 후, 절망속의 암울한 곳에서도 벚꽃이 피어났다. "이게 어찌된 일인가!" 뜻밖에도 꽃과 나무가 부활한 것이다. 그들에게 새로운 삶을 향한 희망의 빛을 비추어준 건 바로 벚꽃이다. 허나 1년이 지난 후에도 인간의 실수로 인한 방사능 재앙의 그림자가 여전히 짙게 드리워진 곳에서, 주민들은 계속 살아야할지 공포에 떨고 있었다.

그들은 정부의 말을 믿지 않는다. 당국은 극도로 위중한 비상사태가 발생했을 때, 쉬쉬하며 실상을 알리고 국민을 안심시키는 일에 소홀했다. 아니 책임을 회피했다. 지금도 당국 발표와는 달리 원전에서 누출되는 방사능 오염치는 여전히 높게 나타나고 있다. 방사능 유출 위기를 가져온 시원은 물론 천재지변이다. 쓰나미가 자동차보다도 빠른 속도로 밀려와 해안가를 덮쳤으니 인간으로선 불가항력이었다. 대자연의 위력 앞에서 우리 존재가 얼마나 미미한지를 새삼 일깨워준 참혹한 자연재앙이었다.

그러나 이런 위기의 순간에도 살아난 사람은 있다. 생존한 젊은 여성의 증언에 의하면 쓰나미 재난을 알리는 확성기 소리를 듣자마자 집에서 지체없이 몸만 빠져나왔다. 평소 재난훈련을 받은 대로 높은 언덕과 산으로 "걸음아 나 살려라!"하고 달렸다는 것이다. 허나 어떤 이들은 집안의 귀중품에 대한 애착으로 머뭇거렸다. 그들은 한 순간의 머뭇거림으로 아무리 뛰어도 노도같이 쫓아오는 쓰나미에 이윽고 휩쓸리고 말았다. 그 순간의 장면을 TV로 본 우리는 넋을 잃고 발만 동동 굴렀다. 그 안타까운 심정은 실로 형언할 길이 없으리라.

1986년의 체르노빌 원전사고가 떠오른다. 25년이 지난 후에 찍은 다큐멘터리에서 체르노빌은 유령도시로 드러났다. 몇 십km나 떨어진 곳의 주민들은 방사능 후유증으로 암이 언제 생길지, 언제 죽게 될지 몰라서 여전히 안절부절이었다. 후쿠시마에서의 심각성과 참혹함 또한 방사능 위기가 앞으로도 단시일 내에 끝날 것 같지 않다는 데에 있다.

방사능 누출 3개월 후, 미국 어느 연구소에서 일본 연안으로 부터 300마일 떨어진 태평양 바닷물에서 채취한 시료를 분석했다. 세슘-137의 준위가 후쿠시마 재앙 이전에 검출된 것보다 의외로 천 배나 높게 나타났다. 우리 원양어선도 드넓은 태평양 어느 곳에서 생선을 잡아 올 테니, 얼마나 많은 방사능 물질이 물고기에 묻어올지 도무지 알 수 없는 노릇이다. 또 여름철에 태풍이 불면 태평양에서 맴돌던 방사능 물질이 해류를 따라 조금이라도 북상할 테니, 우리 생명도 온전치 못하리라. 아니 불안과 방사능에 우리 생명이 담보잡혀 있는 게 아닐까. 다윈이 일찍 갈파한 '자연선택'에 따라 생명체가 진화하질 못하고 원전 사고에 기인한 '인간선택'으로 몇 십 년 후 우리의 모습이 엉뚱하게 진화되지 않을까 생각만 해도 몸서리칠 일이다.

미국의 한 핵기술 전문가는 "일본인들은 후쿠시마 재앙으로부터 백 만 명의 암사망자가 발생할 것이고, 미국과 캐나다의 태평양 연안에서도 암환자 발생이 급증할 것이다"라고 우려스런 예상을 했다. 이러니 가장 가까이에 위치한 우리도 핵공포로부터 자유로울 수가 없을 것이다.

이제 우리가 살고 있는 현대문명 생활로 눈을 돌려보자. 우리는 문명을 지탱하기 위해 에너지와 전기를 흥청망청 쓰고 있다. 소비 전기량의 상당 부분을 원자력발전에 의존하고 있어 태양열이나 지열, 풍력과 같은 재생가능에너지 이외의 획기적인 대체 방안이 나오지 않는 한, 앞으로 몇 십 년간은 이런 재앙을 피할 길이 없지 않을까.

바로 여기에 문제가 상존하고 있다. 현실적인 대처방안으로는 전기소비량을 급격히 줄이고 절약하는 게 상책일 텐데……. 우리가 지금 소비하는 전기를 1~2할이라도 줄이며 행동으로 옮길 이가 과연 몇 명이나 있을까.

우리가 핵공포에서 벗어나려면 적어도 지금 소비량의 반 이상을 절약하면서, 의식과 삶의 방식을 근본적으로 바꾸고 지속가능한 생활방식으로 실천할 때에 희망의 빛이 보이지 않겠는가. 그런데 안락하고 편의적인 문명 생활에 젖어있는 현대인들이 과연 얼마나 여기에 동참하려할까. 이를 외면하는 이들이 많을수록 우리가 핵공포에서 벗어날 길은 점점 멀어져 갈 것이다. 참혹한 방사능 재앙이 또 언제 어디서 닥칠지 모른다는 사실을 강 건너 불 보듯이 우리는 언제까지 외면만 하고 있을 것인가.

쓰나미가 휩쓸고 간 1년 후에도 꽃망울을 터뜨린 후쿠시마의 벚꽃! 지역 주민의 수많은 추억과 정서를 간직한 벚꽃에게 다시 찾아온 봄날은, 그들에게 아픈 상처를 어루만져주며 새 삶으로의 용기를 북돋워 주었으리라. 참 고마운 일이다. 자연은 우리에게 생명이 얼마나 끈질기고 고귀한 것인가를 새삼 일깨워 주고 있는데, 자연속의 인간은 어떤 상념에 잠겨 있을까…….

§ **박 헌 렬** §

- 중앙대학교 화학신소재공학부 교수
- 이음새 에세이문학회 회원
- 힐텍 · 힐빙문화연구소 소장, 한국원예치료학회 부회장, 국제힐빙학회 회장
- 저서: 『지구촌의 환경과 인간』 영풍문고, 2000. 『지구 온난화, 그 영향과 예방』 우용출판사, 2012

박 헌 렬

둘레길과 문화공동체

둘레길은 사람과 사람사이에 교류하며 소통하는 길이요,
이질적인 문화 장벽을 뛰어넘어 서로 교통하고
화합의 길로 이끄는 길이기도 하다.

자라는 아이들이 부모와 함께 자연과 대화를 즐기며 하는 여행은
더없이 값진 체험이요, 교육이 될 것이다.

산이 좋아 산을 찾는다. 토요일마다 폭풍우에도 아랑곳하지 않고 찾는 곳은 서울 강남에 위치한 청계산. 평소 산에 오를 때, 나무에 걸어둔 전국 산행 프로그램이 보여도 아예 관심을 두지 않았다. 해서 그 많은 사람들이 다녀왔다는 제주도 올레길을 걸으며 호흡한 적도 없다. 언젠가 기회가 오면 그곳에 가고 싶은 마음은 한 구석에 있었다. 그날따라 우연이었나. 나무에 걸린 프로그램에서 지리산둘레길이 유난히 눈에 띄었다.

4월 넷째 토요일, 동강산악회 버스 편에 동승하여 그곳으로 향했다. 오랜만에 먼 길을 나서서 지리산둘레길에 든 이유는, 새로운 산하와의 만남, 그리고 또 다른 풍치에 매료되는 기쁨을 누리기 위해서였다. 둘레길은 사람과 사람사이에 교류하며 소통하는 길이요, 이질적인 문화 장벽을 뛰어넘어 서로 교통하고 화합의 길로 이끄는 길이기도 하다.

이른 아침 7시쯤 양재역에서 버스에 올라 남원시 운봉으로 향했다. 버스 안에는 매주 장거리 산행을 하는 산악인들로 가득하여 빈자리가 거의 없었다. 다행히 앞 쪽 두 번째 좌석에 아내와 나란히 앉는다. 어릴 적 소풍날처럼 설렘으로 들뜬 자신을 발견했다. 3시간 반 동안 고속도로를 미끄러지듯 달린다. 차창 밖으로 숲속의 푸르름을 더해가는 이파리들과 노랑이랑 붉은 색상의 꽃들이 간간이 눈에 띄었다.

어느새 운봉에 도착한다. 지리산 자락 위로 잔뜩 낀 구름이 을씨년스럽다. 구름이 햇살을 가려주니 걷기에는 오히려 편한 날씨다. 일행은 짐을 챙겨 행보에 나선다. 지리산둘레길의 운봉에서 인월 사이 10km 거리, 제 2구간 시작점을 알리는 표지판이 보인다. 공원 한 구석에 서있는 서림정 건립비에는 운봉 고을에 대해 이렇게 적혀있다. 고을은 잿뫼산을 주산으로 동천과 서천을 끼고 있는 배산임수의 길지라서 그런지 신라와 백제의 국경다툼이 있던 곳이다.

50여 명의 우리 일행은 마치 유치원생들이 자연 체험할 때처럼 들판에 한 줄로 서서 발걸음을 떼고 있었다. 마침 길을 따라 도열해 있는 벚꽃이 바람에 살랑거리며 손짓을 보내왔다. 반갑게 맞이하는 인사가 우리 마음을 편안하게 해주었고, 마음을 비운 채 걷는 우리들의 발걸음을 신기마을로 이끌었다. 20분 남짓 걸었을까. 뚝방길로 접어들었다. 여름에는 뜨거운 햇살이 내리쬐고 겨울에는 찬바람만 쌩쌩 분다는 뚝방길! 오른쪽의 지리산 능선을 바라보며 발길을 옮겼다. 오랜만에 우리 일행은 산과 들, 내를 따라 봄철 새 생명들의 숨소리에 함께 호흡하며 몸과 마음이 가뿐해지고 평온해지는 것을 느꼈다.

뚝방 건너편으로 이어진 다리를 건너니, 조선 후기 판소리 명창인 송흥록선생 생가에 이른다. 이곳에서 명창을 만나다니 정말 뜻밖이었다. 이런 것이 여행의 즐거움인가 보다. 안으로 들어서니 정원 저편의 수목과 나무 사이로 보이는 초가 정자는 명창이 거닐던 운치를 느끼게 한다. 너른 잔디밭 한 쪽에 진열되어 있는, 둥근 형태의 돌로 만든 크고 작은 스물 네 개의 하얀색 작품에서 명창의 맑고 힘찬 목소리가 들리는 듯했다. 이곳은 비전 마을의 귀중한 보물이요, 농촌 문화관광을 위한 값진 어메니티 자원이리라.

이제 화수교를 지나, 덕두산(1150m) 자락에 자리하여 맑고 푸른 물을 자랑하는 옥계호에 오르는 길로 들어섰다. 반대쪽 인월에서 운봉으로 오는 사람들이 눈에 띈다. 대구에서 고등학교를 졸업하고 고향을 떠나 15년간 직장생활을 한 후, 처음 만났다는 세 쌍의 부부가 오순도순 얘기를 나누며 산책하는 모습과, 광주의 어느 교회에서 온 청소년들이 손에 손을 잡고 둘레길을 따라 깔깔대며 걷는 모습이 무척 정겨워 보였다. 또 두 세 살 된 아기를 안은 전주에서 온 어느 부부와, 아들과 다정하게 손잡고 거니는 부산에서 온 어느 가족의 화목한 모습을 보니 내 마음까지 흐뭇해졌다. 자라는 아이들이 부모와 함께 자연과 대화를 즐기며 하는 여행은 더없이 값진 체험이요, 교육이 될 것이다. 두 어깨를 무겁게 짓누르는 사교육의 병든 굴레에서 벗어나 새삼 도시생활을 돌아보며 진정한 삶의 길을 체득하는 기회가 되지 않겠는가.

우리는 남부지역의 잣나무와 소나무가 군락을 이룬, 삼림욕으로 최적이라는 덕두봉 자락과의 이별에 아쉬움을 남긴 채 인월로 향했다. 건강한 자연이 숨 쉬고 있는 남원 달오름마을이 먼저 우리를 맞이했다. 집 담벼락에 그려진 민속 소재의 긴 벽화가 무척 흥미를 불러일으켰다. 동네 아낙네들이 모여앉아 빨간 고춧가루를 듬뿍 넣은 통에 배추를 버무리며 김치를 담그는 장면과 동네사람에게 맛보라고 입에 슬쩍 넣어주는 익살스런 광경, 신랑을 앞세우고 가마에 앉은 신부를 어디론가 데려가는 일행들의 행렬도 보였다. 요즘의 젊은 세대들에게는 잊혀져가는 옛 풍속이어서 더욱더 눈길을 끌었다.

인월의 재래시장을 둘러보며 오랜만에 시골장터의 향수에도 젖어보았다. 시장 마당에 전을 펴고 앉은 할머니와 흥정을 하는 손님, 장터 물건이 신기한 듯 어슬렁대며 두리번 두리번 구경하는 관광객들의 모습도 흥미 있었다. 저만큼 떨어진 오토바이 곁에서 아줌마들의 왁자지껄하는 소리가 나서 가까이 다가가 보니, 스무개가 넘는 바구니에 새빨간 딸기가 소담스레 담겨져 있는게 아닌가. 이렇게 싱싱하고 진한 향의 딸기를 만나기란 참 쉽지않은 데, 도시에 비해 가격이 무척 저렴하여 얼른 두 바구니를 사서 버스에 올랐다. 얼마간의 시간이 지났을까. 뒷자리에 앉은 아줌마 두 분이 무슨 냄새냐며 코를 킁킁댔다. "방금 함양에서 따 온 딸기에서 나는 향이예요" 라고 말하니, 왜 자기들에게는 알려주지 않았냐며 몹시 서운해 하는 눈치였다. "아~뿔사!" 그러나 차가 이미 떠난 후이니 어쩔 도리가 없었다.

오늘은 우리 부부가 지리산둘레길을 걸으며 색다른 자연의 정취도 맛보고, 시골의 민속문화에 흠뻑 젖어든 행복한 하루였다. 전국 곳곳에서 온 낯선 사람들과 짧지만 소중한 대화를 나누며 생태 문화체험을 즐긴 하루 나들이었다. 버스가 서울을 향해 출발하자마자 피로에 지친 나는 어느새 또 다른 이국적인 매력의 제주올레길을 유유히 거니는 단꿈에 빠져 있었다.

윤 정

생각이 없어지는 아이들

인터넷은 청소년들이 입이 있어도 말하지 못하게 하며
눈이 있어도 멀리 보지 못하게 한다.

아이들이 생각할 수 있는 힘을 가질 수 있도록
대중 매체를 이해시키는 교육이 시급하다.
인터넷을 벗어나 살아 있는 생명끼리 부빌 수 있는
삶의 공간을 마련해주는 정책을…….

현재 우리 사회에서 청소년의 폭력이 상당히 심각하다는 것은 대부분이 공감하고 있을 것이다. 최근 여러 TV 방송을 통해서 청소년들의 폭력에 관한 실질적 문제 해결을 위해 아동 전문 상담가, 청소년문제 전문가 등 여러 분야의 전문가들이 모여, 다양한 해결 방법을 제시하면서 토론하는 것을 시청하였다. 전문가들 중에는 근본적인 해결보다 법이라는 범위 내에서 해결하자는 분도 계시고, 또는 학교마다 전문 상담가를 두고 청소년들과의 대화 소통의 길을 열어서 그들의 문제를 풀어야 한다는 의견도 있었다. 또는 CCTV를 설치하여 폭력 행위를 사전에 차단하자고 제안하기도 했다. 각 전문가들이 토론에서 제시한 의견들이 해결을 위한 방법의 하나일 것이라고 공감할 것이다. 그러나 폭력을 근절하는 근원적 해결책은 아니라고 생각된다.

기계가 첨단화 되고 스피드화 된 시대를 사는 우리 청소년들의 문화와, 기성세대들이 살아온 사회적 환경과 문화는 너무나 큰 갭이 있음을 우리는 부인할 수 없다. 오늘날 우리 청소년들은 지하철 안에서 손을 가만두지 않고 핸드폰으로 게임을 하고 있거나, 누군가와 짧은 메시지를 주고받으면서 지속적으로 기계를 통해 서로의 감정을 나누는 시대에 살고 있다. 또한 어디서나 인터넷으로 정보를 주고받으며 SNS를 통해 집단적 정보와 의식을 공유하기도 한다. 이러한 공유된 정보가 바른 정보인지 혹은 잘못된 정보인지, 또는 누군가가 악의적으로 헛소문을 퍼뜨렸는지는 개의치 않고 그대로 사실인양 받아들이며 그 정보를 빠르게 확산시킨다.

인터넷은 청소년들이 입이 있어도 말하지 못하게 하며 눈이 있어도 멀리 보지 못하게 한다. 그들은 귀가 있어도 다른 것을 듣지 못하며 코가 있어도 냄새를 맡지 못한다. 손이 있어도 만지지 못하며 발이 있어도 걷지 못한다. 목구멍이 있어도 작은 소리조차 내지 못하고 있다. 인간이 만든 첨단 기계에 의해 가장 인간적인 것들이 사라지고 기계에 의존하며 기계화된 의식의 아이들이 만들어지고 있는 것이다.

위 내용의 실례 하나. 1997년 12월 16일 저녁 일본에서 있었던 일이다. 일본 전역에서 5세~14세 사이의 아이들이 집단적으로 발작을 일으켰다. 대부분 구토, 두통 혹은 호흡장애 증세를 나타냈고, 개중에는 눈동자가 풀어지면서 실신하는 아이도 있었다. 증세가 심한 약

700여 명은 입원까지 했다. 밝혀진 이유는 바로 TV 드라마 애니메이션〈포켓몬〉의 강렬한 자극 때문이라는 것이다. 성인들은 괜찮은데 아이들은 포켓몬을 보고 발작을 일으켰던 것이다. 이 애니메이션에는 여러 캐릭터들이 등장해 전투를 벌이는데 그 과정에서 발생하는 번쩍번쩍하는 빛의 자극성이 아이들에게 충격을 준 것이었다. 이것은 일종의 광과민성 집단발작으로 이후 〈포켓몬〉에는 이런 장면들이 삭제되었다. 이 사례를 보면 아이들의 뇌가 얼마나 자극에 취약한지 알 수 있다. 대부분의 아동용 애니메이션이 아이들에게 자극을 주는 시각 효과와 음향 효과를 내고 있는 것 들이다. 성장하는 아이의 예민한 뇌는 이런 강렬한 자극에 나쁜 영향을 많이 받는다고 한다.

한창 두뇌가 성장하는 어린이에겐 강한 자극이 있어야 하나, 그 자극은 아이의 나이와 정신연령 등을 고려한 것이어야 할 것이다. 게임이나 TV나 비디오의 영상 자극이 아니라, 부모나 사람과의 관계를 통한 자극이 아이의 두뇌 성장에 좋은 영향을 끼치는 것이다. 성장기에 두뇌가 부정적인 자극을 많이 받게 된다면 돌이킬 수 없는 결과가 나타날 수도 있다. 이점을 부모들이 명심해야 한다. 한 예로, 만 1살 이전에 하루 2시간 이상 TV나 영상물을 본 아이들은 엄마와 애착관계가 불안정해지거나, 정서 조절에 문제가 있거나, 언어능력 발달이 늦어지거나, 자폐성향을 나타낼 수 있다고 한다. 2007년 11월 〈소아과학 pediatrics〉학회지에 '유아용 비디오를 본 아이들이 비디오를 보지 않은 아이들보다 어휘력이 훨씬 떨어진다.'는 논문이 실렸다. 하루에

1 시간 정도 유아용 비디오를 본 아이는 그렇지 않은 아이에 비해 적어도 6~8 개의 어휘능력이 부족하였다. 워싱턴대 학습 및 뇌 과학 연구소 공동소장인 패트리샤 쿨 교수는 '아기들은 오직 살아 있는 인간을 통해서만 언어를 배운다.'는 연구 결과를 발표했다.

2002년 〈게임 뇌의 공포〉라는 책의 저자인 모리 아키오 일본 니혼대학교 교수는 비디오 게임을 하는 아이들의 뇌파를 조사한 결과 두뇌에 변화가 오고 있음을 발견했다. 게임이 전두엽을 파괴해 아이들의 주의가 산만해지고, 감정 조절이 서툴고, 폭력적이고, 창의력이 없어지고, 생각의 과정이 짧아지며 충동적인 감정이 증가하는 것을 발견한 것이다. 말하자면 TV 속의 이미지가 아이들을 단순하게 만들고, 아이들은 게임 속의 폭력성에 익숙하게 되어 현실과 게임 속의 이미지를 분간하지 못하게 되고, 게임 속의 폭력을 현실에 행사하며 자신을 정당화시키는 등 점점 자신의 정체성을 제대로 알지 못하면서 성장하게 된다.

우리 사회 환경은 대부분의 청소년들이 인터넷을 떠나 생활 할 수 없는 환경이다. 그들은 엄청난 속도의 변화무쌍한 인터넷에 익숙하여 학습에서도 인터넷을 통해 정보를 검색하고 자료를 뽑아내고 있다. 그러니 스스로 고민하며 깊이있게 사고하는 생각의 과정이 줄어들 수밖에 없을 것이고, 또 스피드에 익숙하다 보니 생각의 시간도 순간적이어서 점점 생각하는 시간이 짧아져 즉흥적으로 바뀌고 있는 것이다.

인터넷을 열어서 보면 하나의 웹페이지는 많은 문자 덩어리가 끊임없이 오르내리며 검색을 위한 도구들, 다양한 광고들과 각자의 창을 통해 구동되는 위젯이라 불리는 작은 소프트웨어 응용 프로그램들이 성장하는 청소년들의 뇌에 불협화음을 일으키고 있다. 이러한 불협화음은 뇌의 의식적 사고와 무의식적 사고에 합선을 일으켜 청소년기 성장하는 뇌에 깊고 창의적인 사고를 방해한다. 그 결과 청소년들은 단순한 신호로 주어진 정보에 익숙해지면서 생각을 하지 못하는 아이들로 변해 가고 있는 것이다. 또한 요즘 청소년들은 더욱 더 심화된 치열한 입시 경쟁, 취업 경쟁, 미래 불안, 실업 등의 사회 환경 속에서 그들이 감당하기에는 너무나 많은 직 · 간접적인 스트레스를 받고 있다. 그리고 과거에 비해 그들의 폭력성은 더욱 다양해지고 그 정도도 점점 더 심각하다. 생각이 없어지는 청소년들, 우리 사회는 어떤 대책들을 내 놓아야 할까?

아이들이 생각할 수 있는 힘을 가질 수 있도록 대중 매체를 이해시키는 교육이 시급하다. 인터넷을 벗어나 살아있는 생명끼리 부빌 수 있는 삶의 공간을 마련해주는 정책을…….

가정과 학교가 함께 대안을 내놓아야 할 것이다. 인간의 몸은 구석기 시대의 모습이다. 역사와 문명의 흐름 속에서 자연과 교감하고 수많은 고통과 삶이 얼룩져 있다. 인간은 삶의 환경을 자연스럽게 극복한 존재인 것이다. 그런데 인간들이 만들어 놓은 최적 환경의 과학적 시스템에 몸과 의식을 담는다면 자연친화적 인간이 될 수 있겠는가? 요즘 청소년들은 폭력에 대해 무엇이 잘못된 것인지조차 제대로 인식하지 못하고 있는 것 같다. 그들은 "그냥 장난인데" "요즈음 애들 다 그래요" 라는 말을 한다. 전반적으로 사소한 폭력에 대해 관대한 것 같다. 나는 여러 청소년들에게 "만약에 스마트 폰이 없다면 어떻게 될 것인가?"란 질문을 해 보았다. 거의가 "상실감과 허탈감으로 아무것도 할 수 없을 것 같다"라는 대답을 하였다. 생각이 없어지는 아이들의 모습은 과연 어떨까? 인식하지 못하고 있는 것 같다.

§ 윤　정 §

- 켈리포니아 캔스코 대학교 심리학과 부교수 역임
- 병리 심리 분석
- 국제 힐빙 학회 자문위원
- 나봄정신분석연구소 소장

윤 정

문화가 유전자 염색체를 바꾼다

유전자는 인간이 만든 문화공간에서 많은 시간을 보내면서
문화 유전자를 만들고 있다. 산이 그리워지고 바다가 보고 싶다.

문화 유전자에 구속된 인간! 자연을 찾아 문화를 안고 살자.

문화라는 말에는 최소한 두 가지 다른 의미가 있다. 첫째는 교양 있는 예술 · 안목 · 취미…. 한마디로 오페라를 의미하고, 둘째는 의식 · 전통 · 민족성을 의미한다고 본다. 첫 번째 의미는 프랑스 계몽주의에서 나왔다. La culture는 진보의 정도를 가늠하는 보편적 척도인 개화를 의미한다. 두 번째 의미는 독일 낭만주의 운동에서 나왔다. die Kultur는 다른 문화와 구별되는 독일 민족의 정신을 기저로 하고 있다. 한편 영국에서는 복음주의적 교회 운동과 다윈주의에 대한 교회의 반발 속에 문화란 인간의 본성과 반대되는 것을 의미하며 다르게 접근하였다.

문화심리학의 대표적 주창자인 Schweder는 "문화가 개입되지 않은 사고는 없다"라고 말하면서 인간은 마음화 된 문화를 구조화 시켜 살아간다고 했다. 아마도 인간의 심리가 작용하여 세상을 알게 되는 것은, 문화가 세상을 구성하는 방식을 인간이 문화적 삶 속에서 체험을 통해 터득했기 때문이라고 생각한다. 마음화 되고 생각화 된 문화는 언어를 불가피하게 개념화시켜 문화성을 담지하여 담론을 통해 객관성 있게 의미화 시켜 인간의 마음을 구성한다고 볼 수 있다.

특히 인간은 문화 속에서 살아가고 다양한 문화를 흡수하면서 끊임없이 인간 스스로가 자신을 만들어간다. 자신을 만들어 내는 본능이라는 것은 사유나 모방이나 학습의 결과일 수 있다. 그 결과로 본능적인 모듈들이 경험에 의해 수정되기도 하고 어떤 모듈은 평생 동안 계속 조절되고 어떤 모듈은 경험과 함께 급속히 변한 다음 콘크리트처럼 굳어지기도 한다. 어떤 모듈은 자신의 시간표에 따라 경험과 무관하게 발달하기도 한다. 경험한다는 말은 인간의 관점에서 본다면 살아가는 삶의 행위를 뜻한다. 행동 유전학은 정상적인 경험의 범위 내에서 인간들마다 삶의 행동에 따라 보편적인 유전적 요소가 차이가 있음을 매우 극명하게 드러낸다고 한다. 인간이 어떤 생각을 가지고 무슨 행동을 하느냐에 따라 유전적 정보내용이 다양하게 만들어 진다.

이제 문화는 생물학적인 유전요인의 중요한 역할을 하는 환경이 되고 있는 것이다. 산업혁명 이전, 자연의 환경에서 자연스럽게 유전적 정보를 받았지만 오늘날에는 인간 스스로 만들어 놓은 엄청난 과학적 시스템의 문화 속에서 정보를 받으며 살고 있다. 원래 인간은 생물학적이고 문화적 영역 내에 존재하며 살아왔다. 앞으로 인간이라는 종은 독특한 문화의 변화 속에서 인간의 조상에 의해서 전수된 생물학적인 자연적 번식의 유전정보보다 문화가 공유하는 비 자연적이고 비유전적인 정보가 인간 본성을 만드는데 더 중요한 역할을 하게 되는 것이다.

실제로 비유전적인 문화적 진화는 자연의 유전적 진화보다는 훨씬 빠르기 때문에 약 1만 년 전에 농업이 발명된 후로 우리들의 진화는 압도적으로 문화적인 것이 되었다고 볼 수 있다. 인간의 활동을 형성하는 문화의 위력은 세계 전역의 언어 다양성에서 볼 수 있다.

언어를 사용할 수 있는 능력은 대부분 유전적 진화의 결과임이 틀림없지만, 인간들이 사용하고 있는 독특한 언어는 문화적 진화의 결과임이 더 확실하다. 더욱이 유전적 진화(생물학적)와 문화적 진화(비유전적)는 독립적인 것이 아니고 그들은 중요한 '공진화적' 상호작용을 하고 있는 것이다.

문화를 삶의 공간이라고 보자. 예를 들어 '바람이 분다' '비가 온다' '눈이 온다' '날씨가 차다' '너무 덥다'… 자연적 유전 정보를 받았던 시절의 인간들은 바람막이 옷을 입고 우산을 쓰고 두꺼운 옷을 입고 에어컨을 켜고 살아간다. 인간들은 작위적인 문화와 자연적 문화를 공유하면서 살아가고 있는 것이다. 인간이 살아가는데 유전자를 물려받고 경험을 통해 많은 것을 배우고 살아가면서 언어도 습득하고 수많은 도구를 사용하는 방법을 익힌다. 이러한 것들은 학습하는 능력이나 문화적으로 행동하는 능력에 있는 것이 아니다. 바다를 항해하고 세대를 건너뛰어 문화를 축적하고 정보를 전달하는 유전적 능력 때문이다.

유전적 의미를 생각해 보자. 세포의 핵 속에 있는 DNA라는 다양한 유전정보를 가진 염색체가 있다. 유전자 성분은 다양한 아미노산을 결합한 단백질이다. 의미를 가진 아미노산의 몇 개의 배열과 그 중간에 낀 의미 없는 긴 부분으로 이루어져 있다. 의미 있는 부분을 '엑슨'이라고 하며 의미 없는 부분을 '인트론'이라고 한다. '엑슨'과 '인트론'이라는 아미노산이 RNA 사본으로 전사된 후부터 단백질로 바뀌기 전까지, 인트론을 짜깁기라는 과정을 통해 제거되면서 새로운 유전 정보가 다른 단백질로 염색되어 다른 유형의 의미를 가진 '엑슨'을 만들고 다른 정보를 가진 염색체가 되는 것이다. 이 과정은 매우 민감하고 순간적인 변형률을 가지고 있다. 어떤 문화와 자연환경에 따라 알 수 없는 방향으로 아미노산이 새로운 단백질을 만들어 적응하면서 변화하는 정보를 저장한다는 말이다. 인간은 대략 10만개 정도의 유전자를 갖는 반면, 인간의 뇌에는 1조 이상의 신경세포가 있으며 이들 사이에는 100조에서 1000조 정도의 시냅스가 연접하며 살아간다. 유전자와 연결된 엄청난 세포와 시냅스! 그들은 오늘도 문화라는 공간에 극도로 예민하게 반응하면서 유전자를 변화시키고 있다.

인간의 종에 가까운 친척인 침팬지와 다른 모든 생물체와 마찬가지로 인간은 세대가 지나감에 따라 생물체의 유전적인 정보가 변화하고 재구성되는 다원적인 과정을 겪으면서 살아간다. 하지만 환경의 도전에 직면하여 유전적 적응도를 유지하거나 증가시키기 위하여 끊임없이 작동하는 과정에서 인간은 문화를 발명, 변형, 저장 그리고 전수하는 특수한 능력을 부여받았다. 문화는 이야기, 노래, 도구, 습관, 도덕, 예술작품, 구전역사, 책, TV쇼, 컴퓨터 데이터베이스, 인공위성의 이미지, 전자현미경 등에 포함된 비유전적(외적유전) 정보다. 조류로부터 침팬지에 이르는 다른 동물들도 자손에게 전통적인 일처리 방식을 보여준다는 의미에서 문화를 가지고 있지만 인간이 할 수 있는 수준의 문화를 가지고 있지 않다. 인간이 가지고 있는 문화적 진화는 세대에 구애되지 않기 때문에 유전적 진화를 크게 앞지른다. 다시 말해 유전적인 진화와는 달리 문화적 진화에서는 획득형질도 유전된다. 문화적 진화에서 획득형질은 매우 다양하며 그 전문성을 습득한 뒤, 행동하면서 더 다양한 문화적 진화의 획득형질을 만들어서 문화라는 공간에 그 다양한 기능이 다른 전문적 언어로 나뉘어 의미를 부여하고, 획득한 다양한 기술을 가르치며 쏟아내고 있다.

인간의 과거나 현재의 본성들을 이해하거나 인간의 미래를 투사하는 손쉬운 공식은 없다. 인간은 어디로 가고 있는지에 대한 단서를 추측할 수 있지만, 인간 스스로 어디로 가고 있는지에 대해서는 확실하게 이야기할 수 없다. 인간은 자신이 유인원이라는 것을 알고 있지만, 어느 시대 어떤 곳에서는 '벌거벗은 유인원'이었고, 어떤 날에는 '킬러 유인원'이었다. 어느 순간에는 고상한 '도덕적 유인원'이라는 식으로 극단적으로 단순화 시켜서는 안 된다. 우리는 유전적인 것과 비유전적 유전자와 결합하여 문화의 공진화라는 장기간에 걸친 복잡한 과정의 산물 속에서 살아왔다.

산이 무너지고 하늘에 인공위성이 떠있다. 아파트가 올라가고 교각이 세워지고 TV를 켜놓으면서 자연스럽게 펼쳐지는 유전적 공간을 비유전적 부분의 문화라는 공간에 구속시키면서 살아가고 있다. 유전적 환경과 비유전적 환경은 공진화를 계속하고 있다. 문화라는 이름으로 더 강하게 비유전적 부분이 유전적 부분을 억압하며 인간이라는 종은 살고 있다. 유전자는 이제 비유전적 총체인 문화를 거부할 수 없다. 인간은 많은 시간을 비유전적 환경에서 살아가고 있다. 결국 문화는 새로운 유전자 정보를 만들고 비유전자의 환경을 그리워하며 앞으로 살 것이다. 유전자는 인간이 만든 문화 공간에서 많은 시간을 보내면서 문화 유전자를 만들고 있다. 산이 그리워지고 바다가 보고 싶다. 논두렁길을 걸으며 강가의 노을도 보고 싶다. 곁에 있으면서 멀어진 자연스러운 인간을 버린 또 다른 문화의 아픔이 아닐까? 문화 유전자에 구속된 인간! 자연을 찾아 문화를 안고 살자.

이 웅 재

가이아(Gaia)의 몸부림

어제의 공기와 오늘의 공기가 확연하게 달라졌다는 것을
느끼기는 힘들다.
그러나 조금씩 조금씩 대기는 오염이 되어 가고 있는 것이다.

왜 우리가 살고 있는 이 지구,
가이아에 대해서는 나 몰라라 하는가?

"가이아(Gaia)가 몸부림치고 있다."
어느 과학자가 말했다. 공해(公害)란 실감하지 못하는 아주 무서운 재앙이라고. 비커(beaker) 속의 개구리는 이를 잘 증명하고 있다. 비커에 개구리를 넣고 알코올(alcohol) 램프(lamp)로 서서히 비커를 가열한다. 그러면 변온동물(變溫動物)인 개구리는 제 몸의 온도를 가열되는 비커의 물 온도에 맞추어 가다가 결국에는 자신도 모르는 사이에 삶겨서 죽게 된다는 것이다.
공해란 이와 같이 무서운 것이다. 어제의 공기와 오늘의 공기가 확연하게 달라졌다는 것을 느끼기는 힘들다. 그러나 조금씩 조금씩 대기는 오염이 되어 가고 있는 것이다. 언제 우리가 질식하게 될지는 그 아무도 모른다.

하지만 다행스럽다. 가이아(Gaia)로서의 지구는 스스로 그에 대처해 나가고 있을 테니 말이다. 그리스 신화에 등장하는 대지의 여신 가이아(Gaia), 로마 신화에서는 텔루스(Tellus)가 되는데, 영국의 과학자 제임스 러브록(James Lovelock)이 1960년대에 주장한 가이아 이론에 의하면, 지구는 그 자체가 하나의 거대한 생명유기체인 가이아로서 그 위에 살고 있는 생물들의 생존에 최적조건을 유지해 주기 위해서 언제나 자기 스스로 조정하고 변화해 나간다는 것이다.

사망자 8만 명을 초과한 중국의 쓰촨성[四川省] 지진을 보자. 전문가들은 싼샤[三峽]댐 건설로, 기반 암석층이 매우 단단하기는 하지만 이처럼 초대형 댐의 건설에는 강력한 수압의 영향으로 암석층이 깨져 댐의 물이 스며들어갈 가능성이 높다고 지적했었다. 결국 지표층 틈새로 스며든 물은 지각 단층활동의 윤활유 역할을 하면서 지진을 유발하게 된다는 것이었다. 인도네시아의 쓰나미, 아이티의 지진, 칠레의 지진…. 최근 들어서 왜 이러한 천재지변이 잇달아 일어나는가? 이것들은 모두가 가이아의 생존 전략에서 발생한 일들이라 할 수가 있을 것이다. 따라서 분명한 것은 우리 인간들은 가이아의 생존 조건에 동참해야만 한다는 것이다.
어떻게? 따진다면 그건 간단하다. 지구상의 생명체들의 밀도를 줄이면 되는 것이다. 그중에서도 제일 시급한 것은 바로 우리 사람들의 인구밀도를 낮추어야 하는 일이라 하겠다. 요즘 범세계적 추세로 출산율의 저조를 문제 삼고 있는데, 이는 전혀 그렇지가 않다. 경제적 효

율로만 생각하니까 그런 우려들이 부각되는 것이다. 청년들의 취업률을 걱정하면서 출산율을 높이라는 것은 상식적으로도 말이 되지 않는 얘기가 아닌가? 기존 경제 규모를 생각해서 인구 감소는 많은 산업 시설들의 가동을 어렵게 하는 때문에 경제가 위축된다고 걱정들을 하는데, 어째서 눈앞의 일에만 호들갑을 떠는가? 왜 우리가 살고 있는 이 지구, 가이아에 대해서는 나 몰라라 하는가?

가이아는 지금 몸부림치고 있다. 너무 많은 생명체들이 그녀의 젖을 빨고 있는 것이다. 가이아는 이제 지쳐 있다. 그녀를 조금 편안히 쉬게 하여 주면 안 되는가? 전 세계적인 경제 위기는 왜 생기는 것인가? 너무 빨리 돌아가는 세상의 변화, 그것을 조금 늦추어 달라는 가이아의 무언의 요청은 아닐 것인가? 조금만 속도를 늦추면, 가이아도 차츰 그 변화에 자신의 생체 시계를 맞추어 갈 수가 있을 것인데…….

지금까지 너무 눈부실 정도로 박차를 가해 왔다. 아무리 좋은 기계도 가끔씩은 쉬게 해 주어야 한다. 이제 조금 쉬어 가야 할 때가 온 것이다. 올레길, 둘레길의 산책, 집 근처 야산에의 등산, 미술관 박람회장 같은 곳으로의 외출, 손자 손녀들과의 어울림, 부부 사이에서도 상대방을 다시 바라볼 수 있는 여유 따위에 시간을 할애하여 봄은 어떨까?

§ 이 웅 재 §

- 연세대학교 국문과 졸업
- 중앙대학교 문학박사
- 전 동원대학 교수 (학술정보센터장 역임)
- 중앙고전문학회장, 중앙어문학회장 역임
- 현재 한국수필문학가협회 행사분과위원장
- 수필집『지리산의 유혹』, 『믿음직한 남편되기』등

이 웅 재

웰빙, 힐빙, 그리고 웰다잉

온갖 공해요소들로부터 침해를 받은 인체를 회복시키고 치유하여
활기차고 건강한 삶을 살아야 한다는 것이다.

농작물을 해치는 진딧물을 죽이기 위해서 농약을 뿌리는 일은
'힐빙'을 해치는 행위이다.

"'뚱이'는 일주일에 3번, 1시간씩 물 위를 걷는다. 수조 안에 설치된 특수 러닝머신 위를 구른다. 몸이 물에 반쯤 잠긴 채 하는 걷기 물리치료다. 애완견 '뚱이'는 퇴행성 무릎 관절염을 앓아서 운동부족 상태다. 물속 육상 훈련을 통해 하체 근육을 단련하는 중이다."

조선일보 2012.02.14.자 김철중 의학전문기자의 '…애완견 노령화'란 글의 서두 부분이다. 글을 좀더 따라가 보자.

"최근에는 줄기세포 치료도 받았다. 자기 몸속의 줄기세포를 실험실에서 증폭시켜 다시 이식받아 활력을 늘리는 치료다. 1회 비용이 100여만 원이다."

'웰빙' '웰빙' 귀에 딱지가 앉을 만큼 많이 들었다. 중앙대학교 박

헌렬 교수는 “단순히 잘 먹고 잘사는 ‘웰빙’이라는 개념은 이제 ‘힐빙(Heal-Being)’으로 업그레이드해야 한다.”고 말한다. 정기적인 관리를 통해서 온갖 공해요소들로부터 침해를 받은 인체를 회복시키고 치유하여 활기차고 건강한 삶을 살아야 한다는 것이다. 그런데 김철중 기자의 글을 보니 이제는 사람뿐만 아니라 애완견마저도 ‘힐빙’ 시대에 접어들지 않았나 하는 생각이다.

‘힐빙’까지도 애완동물들에게 물려주고 나면 우리 인간들에게 남는 것은 무엇인가? 아마도 마지막으로 남은 것 중 하나가 ‘웰다잉(Well Dying)’이 아닐까 싶다. 고령화 사회로 접어들면서 유행되는 우스갯소리가 있었다. ‘9988234’, 99살까지 88하게 살다가 2,3일만 앓고 4[死; 죽자]는 말이다. 그게 요새는 또 ‘9988124’로 조금 바뀌었다. 그것은 점차 ‘웰다잉’에 대한 기대치가 상승되어 가고 있다는 말은 아닐까?

생명체는 반드시 죽게 마련이다. 살아 있다는 것은 앞으로 죽는다는 것을 전제로 하는 것이다. 삶과 죽음. 과연 어느 것이 더 중요할까? 아무리 생각해도 쉽게 판가름이 나질 않는다.

국어사전을 찾아보았다. ‘생사가판(生死可判: 사느냐 죽느냐를 능히 판단함)=사생가판(死生可判)’처럼 서로 바꾸어도 뜻에 별 차이가 없는 말로서는 ‘생사관두(生死關頭: 죽고 사는 것이 달린 매우 위태로운 고비)=사생관두(死生關頭)’, ‘생사존망(生死存亡: 살아서 존재하는 것과 죽어서 없어지는 것)=사생존망(死生存亡)’, 같은 의미의 '생사존몰(生死存沒)=사생존몰(死生存沒)' 등이 있어서 피장파장이었다. '생사경(生死境)=사경(死境)'도 같은 범주로 치부할 수 있을 듯했다.

그래서 바꿔치기를 할 수 없는 말들을 찾아보았다.
'생사대해(生死大海)=생사고해(生死苦海)' '생사유전(生死流轉)', '생사육골(生死肉骨: 죽은 사람을 살려 내어 뼈에 살을 붙인다는 뜻으로, 큰 은혜를 베풂을 비유적으로 이르는 말)=생사골육(生死骨肉)', '생사입판(生死立判: 사느냐 죽느냐가 당장에 결정됨)' 등 여섯 개의 낱말은 '생(生)'이 먼저였다.

다음 '사(死)'가 앞에 나오는 말들을 찾아보았다.
'사생(死生)=사명(死命)' '사생결단(死生決斷)' '사생계활(死生契闊: 죽고 사는 것을 같이하기로 약속하고 동고동락함)' '사생동고(死生同苦: 죽고 사는 고생을 함께한다는 뜻으로, 어떤 어려움도 같이함을 이르는 말.)≒사지동고(死地同苦)', '사생유명(死生有命: 죽고 사는 것이 운명에 달려 있다는 뜻으로, 사람의 힘으로 어찌할 수 없음을 이르는 말)' 등으로 일곱 개, '死'쪽이 오히려 하나가 더 많았다.

그 이외에도 '생사(生死)를 확인할 길이 없다'나 '생살여탈권(生殺與奪權)'과 같이 '생(生)' 이 먼저 나오는 말이 있는가 하면, '살생부(殺生簿)' '사생간(死生間)에'와 같이 '죽음'이 먼저 나오는 말도 있었다. 좀더 찾아보면 또 여러 가지 낱말이나 관용구들이 있겠지만 언어를 통해서 본 '삶'과 '죽음'은 거의 대등한 무게를 지니고 있었다.

'웰빙' '힐빙'에 대한 노력은 계속해야 한다. 농작물을 해치는 진딧물을 죽이기 위해서 농약을 뿌리는 일은 '힐빙'을 해치는 행위이다. 농약 대신 무당벌레를 키우자. 무당벌레는 진딧물의 천적이다. 무당벌레도 한국산 무당벌레가 더욱 효과적이다. 유럽산 무당벌레는 하루에 진딧물 70마리를 잡아먹는 데 비해, 국산 무당벌레는 100마리 이상을 잡아먹는다. 무당벌레를 대량으로 길러 방생하는 일도 '힐빙'을 위한 훌륭한 노력이라 할 수가 있겠다.

그러나 '웰다잉'이 더욱 중요할 수도 있다. 아직은 그 방법이 널리 알려진 바가 별로 없다. 하지만, 소생의 가망이 없는 환자에게 산소호흡기 등 의료기기를 사용한 부자연스러운 생명 연장과 같은 일은 분명 '웰다잉'이라고 할 수가 없을 듯하다. 그래서 우선은 보건복지부 지정 생명윤리정책연구센터에서 벌이고 있는 '사전의료의향서' 같은 것을 신청하여 그 확인증(카드)을 항시 휴대하는 일 따위로부터 '웰다잉'에 대한 준비를 하는 것이 좋지 않을까 한다.

이 주 행

향기로운 삶

늦봄에 피는 라일락의 향기는 가는 걸음을 멈추게 한다.
그 향기는 온갖 스트레스로 찌든 정신과 육체를 말끔히
씻어 주고 마냥 즐겁게 한다.

기왕이면 라일락처럼 모든 사람을 즐겁게 하는
'향기로운 삶'을 사는 것이 가치 있게 사는 것이요
힐빙이 아니겠는가?

늦봄에 피는 라일락의 향기는 가는 걸음을 멈추게 한다. 그 향기는 온갖 스트레스로 찌든 정신과 육체를 말끔히 씻어 주고 마냥 즐겁게 한다. 그런데 현대인들 중에는 라일락과 달리 한없이 부끄럽게 악취를 풍기면서 사는 사람이 많다.

우리나라에는 정보 기술의 발달과 더불어 가치관이 급변하면서 삶의 여유를 잃고 사는 사람들이 날로 증가하고 있다. 오늘날 또래 간의 횡적인 소통 즉 '가로 소통'은 활발하지만 부모와 자녀 간, 교사와 학생 간, 상사와 부하 간의 종적인 소통 즉 '세로 소통'이 동맥경화증에 걸려 잘 이루어지지 않고 있다. 여기에 온갖 갈등(葛藤) —이념 갈등, 지역 갈등, 성별 갈등, 세대 갈등 등—이 날이 갈수록 증폭되고 있다. 그러한 환경 속에서 생활하는 청소년들 중에는 협동 · 사랑 · 배려 · 양보 · 겸손 등의 소중한 가치를 모르는 사람이 많다. 머지않아 우리나라가 카오스(chaos)의 세계로 빠져 들 것 같아 두렵고 안타깝다.

전동차를 타기 위해 전철 역사나 탑승장으로 가다가 보면 피난 행렬과 같은 사람의 무리를 보곤 한다. 여유 있게 걸어가는 사람보다 뛰어가는 사람이 더 많다. 그러한 사람들 중에는 약속 시간이나 출근 시간에 맞추기 위해 서둘러 가는 이도 있을 것이다. 그들이야 크게 문제 삼을 필요가 없다. 하지만 할 일 없이 달려가는 사람들이 문제이다. 이들은 조급증이나 시간 강박증에 걸려 있을 가능성이 있다. 시간의 노예가 되어 막연히 쫓기고 있는 것이다. 이런 사람들에게는 남을 배려하고 존중하는 마음, 여유 있게 살려는 마음, 기꺼이 남과 함께 인생로를 걷고자 하는 마음이 결여되어 있을 가능성이 많다.

전동차 안에서 사소한 일로 싸우는 사람이나 큰소리로 휴대전화를 하는 사람을 자주 보게 된다. 전동차 안은 공적인 공간이다. 언짢거나 화가 나는 일이 있어도 다른 사람을 배려하여 인내하고, 너그럽게 용서하고, 싸워서는 안 된다. 전동차 안에서 큰소리로 전화를 하면 남에게 소음으로 작용하여 스트레스가 쌓이게 한다. 굳이 휴대전화로 의사소통을 할 일이 있으면 문자 메시지로 대신하는 것이 공중도덕을 지키는 것이고, 남을 배려하는 것이다.

엘리베이터를 타거나 내릴 때 엘리베이터 안에서도 남을 배려하지 않는 사람이 있다. 엘리베이터를 타기 위해 많은 사람이 줄을 서서 기다릴 때에는 아무리 급한 일이 있어도 새치기를 해선 안 된다. 타려는 엘리베이터가 만원이면 다음에 오는 것을 타야 한다. 사람들 중에는 만원임을 알리는 소리가 나도 억지로 타려는 사람이 있다. 어떤 이는 좁은 엘리베이터 안에서 친지와 큰소리로 잡담을 나누거나 휴대전화를 하는 이가 있다. 엘리베이터에서 내릴 때 앞에 있는 사람에게 양해를 구하면서 내리지 않고 앞사람을 밀치면서 내리는 이가 있다. 이러한 사람들도 주위 사람들에게 스트레스를 쌓이게 한다.

식당이나 기차, 전동차, 버스 등 공적인 공간에서 욕설을 일상어처럼 사용하면서 친구와 대화를 나누는 사람도 주위 사람을 불쾌하게 하거나 눈살을 찌푸리게 한다. 그러한 사람들의 자녀는 어려서부터 부모에게서 욕설을 배워 아무런 부끄러움이나 죄책감도 느끼지 않으면서 욕설을 일상어처럼 사용할 것이다. 어느 연구에 의거하면 욕설을 잘하는 청소년 중에서 상당수가 습관적으로 아무런 느낌이 없이 또래들에게 사용한다고 한다. 욕설은 언어 폭력이다. 마음이 여린 학생들은 자기 또래에게서 욕설을 들으면 엄청난 스트레스를 받는다.

요사이 하루가 멀다 하고 중학교 학생과 고등학교 학생들의 자살 사건이 일어나고 있다. 동급생에게서 폭행을 당하거나 왕따를 당하여 스스로 목숨을 끊는 것이다. 정부에서는 그러한 사건을 막기 위해 경찰을 동원하여 폭력을 일삼는 학생들을 단속하고, 교사들로 하여금 적극적으로 학생들을 지도하라고 강력히 지시하고 있다. 그러함에도 불구하고 학교의 폭력 사건이나 자살 사건은 없어지지 않고 있다. 이러한 불행한 사건이 잇달아 일어나는 것은 가정과 학교가 제 기능을 하지 못하며, 가족 간, 사제 간, 동급생 간에 소통이 잘 되지 않고, 흐르는 인정의 샘물이 메말라 버렸기 때문이다. 정부 당국에서는 시급히 가족끼리, 학생과 교사끼리, 동급생끼리 서로 아끼고 사랑하고 존중하는 분위기를 조성하여야 한다. 가정, 학교, 사회 등에 따뜻한 인정의 샘물이 펑펑 솟도록 캠페인을 지속적으로 펼쳐야 한다.

사람이 많이 오가는 큰길에서 큰소리로 웃거나 말하는 사람도 그 주위 사람들을 짜증나게 한다. 영유아 시절에 그의 부모가 주위에 사람이 있으면 조용히 말하고 조용히 웃는 것을 보면서 성장한 사람은 성인이 되어서 그의 부모와 같이 공적인 상황에서는 조용히 말하고 조용히 웃을 것이다. 남들이 불쾌감을 느낄 정도로 교양 없이 크게 웃거나 말하지 않을 것이다.

낯선 사람이 무뚝뚝한 표정으로 위아래를 훑어보면 매우 불쾌하다. 길거리나 전동차 안에서 그런 사람을 자주 만난다. 어떤 때는 죄인처럼 몸이 오그라들기도 하고, 어떤 때는 그 사람에게 "왜 노려보느냐?"고 시비를 걸고 싶은 충동을 느낄 때도 있다. 특히 서양에서 오랫동안 살다 온 사람들은 그러한 사람을 보면 몹시 화가 나고 그 사람이 매우 무례하게 보인다고 한다.

운전하고 가면서 불이 붙은 담배꽁초를 차문 밖으로 던지거나 침을 뱉는 사람이 있다. 길게 차들이 정차해 있는데 맨 앞으로 가서 새치기를 하거나, 깜박이를 켜지 않고 갑자기 차선을 변경하는 운전자가 있다. 이러한 사람들도 남을 배려할 줄 모르거나 공중 도덕심이 결여되어 있는 사람이다.

선거철마다 주민이나 행인을 짜증나게 하는 정치인들이 있다. 정치인들이 대로상에서 유세 차량에 타고 마이크를 이용하여 매우 큰소리로 유세를 하는 것은 일반인들에게 견디기 어려운 소음으로 작용한다. 관심을 가지고 듣는 이도 없는데 커다란 소리로 떠드는 것은 유권자를 괴롭히는 것이다. 그러한 정치인은 사사로운 이익만 생각하고 유권자의 처지는 전혀 고려하지 않는 사람이다. 하루바삐 방음장치가 된 곳에서 유세 활동을 하도록 법을 만들어 시행하여야 한다.

남과 갈등을 빚을 때 상대의 처지는 전혀 이해하려 하지 않고 일방적으로 자기 의견만 옳다고 막무가내(莫無可奈)로 주장하는 사람도 많다. 갈등을 해결하려면 무엇보다도 열린 마음으로 상대의 말에 공감적 경청을 하면서 상대의 타당한 의견과 자신이 미흡하게 생각한 점을 인정하여야 한다. 상대를 존중하고 상대의 말에 귀를 기울여야 갈등을 해소하고 화목하게 지낼 수가 있다.

선량한 서민을 가장 절망하게 하고, 화나게 하는 이들은 부정부패한 지도층 인사들이다. 그들이 서민의 삶의 환경을 가장 많이 오염시키고 스트레스를 가장 많이 받게 하는 존재들이다. 그러한 사람들은 악취를 영원히 풍기는 사람이다. 명예, 권력, 돈 중에 하나라도 남보다 많이 가졌으면 그것으로 만족하고, 그것을 남에게 베풀 줄 아는 삶을 영위하는 이가 가치 있게 사는 사람이다.

인생의 행복과 불행은 마음먹기에 달려 있다. '향기로운 삶을 살 것인가' 그렇지 않으면 '향기롭지 않은 삶을 살 것인가'는 각자의 마음에 달려 있다. 기왕이면 라일락처럼 모든 사람을 즐겁게 하는 '향기로운 삶'을 사는 것이 가치 있게 사는 것이요 힐빙이 아니겠는가?

§ **이 주 행** §

- 충남 광천 출생, 문학 박사
- 중앙대학교 문과대학 학장 역임
- 중앙대학교 명예교수
- 한국화법학회 회장 역임
- 방송위원회 방송언어특별위원회 위원장 역임
- 저서 : 『한국어 스피치』『커뮤니케이션의 원리』『한국어 문법의 이해』『한국어 사회방언과 지역방언의 이해』『소처럼 살다 가리라』『향기로운 인연』[공저]『살리는 말 죽이는 말』[공저] 외 다수

이주행

추억 여행

쑥이 자라는 계절에는 쑥을 손수 캐셔서 맛있는 쑥떡을 해 주셨다.
겨울에는 엿을 고아 주시고 인절미와 시루떡도 해 주셨다.

감나무 밑에서 할머님과 부모님께서
우리를 배웅하는 것 같아 동네 어귀에서 차를 멈추고
눈물을 머금은 채 뒤돌아보곤 한다.

요사이 나는 언제든지 타임머신을 타고 추억 여행을 떠날 수 있어 정말 행복하다.

나를 헌신적으로 사랑하고 보살펴 주신 할머님과 부모님이 사무치게 그리우면 아침 일찍 내 고향 충남 광천으로 가는 장항선 열차를 타곤 한다. 내 여행 짐은 자그마한 손가방 한 개. 그 가방에는 읽고 싶은 책 한두 권과 메모할 수 있는 노트와 볼펜, 500ml 생수 한 병, 군것질용 초콜릿 두 개, 과일등이 들어 있다.

정말 가벼운 차림으로 집을 나선다. 집을 나서는 순간 나는 초등학교 시절 소풍 가기 전날의 기분에 젖어 마냥 즐겁다.

1960년대에는 장항선 완행열차를 타면 서울역에서 광천역까지 대여섯 시간이나 걸렸다. 요사이는 영등포역에서 장항선 새마을호 열차를 타고 가면 광천까지 2시간 걸린다. 그동안 교통기관과 교통시설도 많이 발달되었다. 그런데 옛날에 시커먼 석탄 연기를 날리며 기적을 울리면서 구절양장(九折羊腸)과 같이 꼬불꼬불한 기찻길을 천천히 달리던 기차가, 빨리 달리는 새마을호 열차보다 더 멋지고 낭만적이었던 것 같다. 꾸불꾸불한 기찻길에서는 차머리와 차꼬리가 보였다. 그 모습은 키가 크디큰 여자 춤꾼이 느릿느릿 섹시하고 요염하게 춤을 추는 것 같았다. 오늘날에는 질주하는 기차에서 그러한 모습을 볼 수가 없다.

그 옛날에는 홍익회원이 구운 오징어, 땅콩, 가지각색의 과자, 삶은 달걀, 소주, 맥주, 사이다 등 온갖 먹을거리를 가지고 팔러 다녀서 틈틈이 군것질도 할 수 있었는데, 요사이 새마을호에는 그런 사람이 없어서 승객이 먹을거리를 따로 사 가지고 기차를 타야 군것질을 할 수 있게 되었다. 그렇지 않으면 식당이 있는 별도의 칸에 찾아가서 사 먹어야 한다.

옛날 완행열차의 기차 칸은 모두 승객으로 발 디딜 틈이 없었는데, 오늘날 새마을호열차 칸에는 여기저기 비어 있는 좌석도 있다. 기차 칸마다 승객으로 만원을 이루어서 군고구마 냄새가 물씬 풍기던 기차가 그립다.

기차를 타고 이런저런 회상을 하다 보니 어느덧 한 시간이 지나 천안역에 도착하였다. 전에는 천안역에서 5분여 동안 정차해서 배가 고플 경우에는 부랴부랴 우동을 파는 매점으로 달려가 우동을 사서

후다닥 먹고 기차에 다시 오르곤 하였다. 뜨거운 우동을 번갯불에 콩 볶아 먹듯이 서둘러 먹는 바람에 입안이 데기도 하였다. 요새는 기차가 역에 도착하기가 무섭게 이내 출발한다. 그리하여 천안역에서 내려 그 우동을 사 먹을 수가 없다. 숱한 세월이 흘렀음에도 불구하고 기차가 천안역에 도착하면 그 우동 생각이 간절히 나서 입안에 침이 가득 고이곤 한다.

서울에서 고등학교를 다닐 적에 고향에 다녀오고 싶어 토요일 오후에 서울역에서 장항선 완행열차를 타고 고향에 가곤 했다. 하룻밤을 고향집에서 지낸 뒤에 서울에 오려고 광천역에 나오면 할머니께서 나를 배웅하러 광천역에 오셨다. 고향집에서 광천역까지 걸어서 약 30분이 소요된다. 그러함에도 불구하고 우리 할머니는 매번 나를 배웅하러 역에 나오시곤 하시었다. 서울행 열차를 타러 가면서 뒤돌아보면 할머니는 역 출구 쪽에 서서 잘 가라고 나를 향해 수없이 손을 흔드셨다. 연로한 당신은 어린 손자와 헤어지는 것이 몹시 섭섭하셨던 것 같다. 그 때 나는 왜 그리 슬펐던지 마음속으로 엉엉 울곤 하였다. 애절하게 손을 흔드시던 할머니의 모습이 지금도 눈에 선하다.

대학을 졸업하고 ROTC 장교로 임관하여 2년 3개월 동안 군 생활을 한 뒤에 예편하자마자 취직하여 직장 생활을 하다가 결혼할 때까지 10여 년 동안 할머니께서 나와 함께 사시면서 조석을 정성껏 차려 주셨다. 할머니께서 지극 정성으로 돌봐 주셨기 때문에 나는 결혼

할 마음이 전혀 없었다. 그리하여 노총각이 되어 결혼하였다.

1970년대 어느 날 할머니와 함께 외식을 하고 집으로 돌아오는데 할머니께서 바로 앞에 20대 연인이 손을 다정히 잡고 걸어가는 것을 보시고 걸음을 재촉하여 그들보다 50보 정도 앞서 가시다가 그들을 위아래로 훑어보시면서 되돌아오셨다. 당신께는 젊은 남녀가 대낮에 연정을 표현하면서 당당히 걸어가는 모습이 몹시 신기하게 보이셨던 것 같다. 유달리 호기심이 많으시고 다정다감하셨던 할머니가 보고 싶다.

결혼하여 아내와 아이들과 함께 고향집에 들르면 할머니와 어머니는 우리를 반갑게 맞이하여 주시고 극진히 대하여 주셨다. 쑥이 자라는 계절에는 쑥을 손수 캐셔서 맛있는 쑥떡을 해 주셨다. 겨울에는 엿을 고아 주시고 인절미와 시루떡도 해 주셨다. 그리고 우리가 자는 방이 추울까 봐 당신들께서 아궁이에 장작불을 얼마나 많이 때셨던지 방바닥에 깔아 놓은 요가 타기도 하였다.

상경하는 날에는 내 승용차의 트렁크에 직접 농사지으신 감자, 고구마, 고추, 배추, 무, 마늘, 양파, 대파, 쌀, 콩, 녹두, 조, 팥 등 온갖 농산물을 가득 넣어 주셨다. 당신들의 분신과도 같은 농산물을 아낌없이 주시곤 하셨다. 할머님과 부모님께서는 우리가 상경할 때마다 집 밖 마당의 감나무 앞까지 나오셔서 우리 차를 하염없이 바라보시곤 하셨다. 나 역시 울컥하여 그냥 직행하지 못하고 정차한 뒤에 두세 번 차에서 내려 큰 목소리로 작별인사를 하고 상경하였다. 요사이

고향집에 들렀다가 상경할 때면 감나무 밑에서 할머님과 부모님께서 우리를 배웅하는 것 같아 동네 어귀에서 차를 멈추고 눈물을 머금은 채 뒤돌아보곤 한다.

승용차로 고향에 오가곤 할 때에는 정신을 집중하여 안전 운전을 하느라 나는 이러한 추억의 되새김질을 할 수가 없었다. 그런데 장항선 열차를 타고 있을 적이나, 기차에서 내려 광천역에서 고향집으로 갈 때나, 상경하기 위해 고향집에서 광천역까지 걸어올 때마다 아름답고 정겨운 추억에 잠길 수 있어 행복하다.

회상의 두레박으로 아무리 퍼도 마르지 않는, 아름답고 정겨운 무지갯빛 갖가지 추억이 있어 내 노년은 풍요롭기 그지없다.

임 은 수

산밭 식구를 소개합니다

'세상에 쓸모없는 사람은 없다' 는 말처럼,
나물도 제각각의 성질대로 효능을 갖고 있어
건강에 도움을 주는가 보다.

사람에게 좋다는 산야초들은 거의 다 번식력이
강하고 척박한 땅에서도 잘 자란다.

일주일에 한두 번씩 찾아가는 산비탈의 작은 밭은 식구가 많은 집처럼 여러 가지 푸성귀로 복닥복닥하다. 고추나 토마토 같은 열매 채소는 물론이고, 몸에 좋다는 이런 저런 야생초까지 '나도 채소'라는 듯 어엿하게 한자리 차지하고 있다.

민들레나 미나리는 일부러 가꾸지 않아도 주변에서 흔하게 보는 나물이지만, 주말 농장을 시작하면서 취나물과 함께 이들에게도 밭 한 고랑을 내주었다. 상추나 쑥갓과 함께 쌈으로 먹거나 겉절이를 해 먹어도 좋고, 살짝 데쳐서 무쳐 먹어도 그 맛이 각별하다. 미나리의 상큼함과 민들레의 쌉쌀한 맛이 봄날의 나른함을 날려 버린다. 해서, 봄이 되면 나는 가끔 씀바귀와 함께 민들레 잎 겉절이를 해놓고 남편에게 슬쩍 한마디 던진다.

"당신 쓴맛 한번 볼래요?"

쓴맛이라면 민들레 못지않은 머위가 있다. 자라서 굵은 잎자루를 이용한 나물도 맛있지만 봄에 올라온 어린 순을 데쳐서 들기름 양념장에 무쳐 먹는 맛도 일품이다. 이 머위는 번식력이 강해서 밭둑 옆의 맨땅에 심어 놓았다. 워낙 아무 곳에서나 잘 자라니 던져두듯 심어놓고 내버려 둬도, 봄이 되면 새순이 올라온다. 일찍 철난 아이처럼 대견하고 고맙다.

산에서 고라니가 내려올까 봐 쳐놓은 그물울타리 옆에는 참취가 자란다. 송송한 털 때문에 은빛이 감도는 듯한 녹색 잎사귀가 얼추 하트 모양을 하고 있다. 심성이 고운 여인처럼 향기가 짙고 그윽해서 취나물은 마치 봄나물의 대표 같다. 데쳐서 나물로 먹기도 하지만 연하고 부드러운 잎은 날로 먹어도 좋다. 한입 물면 입안에 가득히 퍼지는 취나물의 향기를 좀 더 늦게까지 맛보기 위해 옆에다 옥수수를 심어 두었다. 옥수숫대가 자라서 그늘을 만들어 주면 잎이 한결 연하게 될 것이다.

옥수숫대가 책임져야 할 일은 참취에게 줘야 할 그늘 말고도 또 있다. 넝쿨강낭콩의 줄기가 타고 올라가도록 지지대 역할을 해야 한다. 지지대를 세울 작업 여건이 좋질 않아서 궁여지책(窮餘之策)으로 내 본 방법이다. 고추나 토마토는 일일이 지지대를 세워주었는데, 넝쿨강낭콩이나 작두콩은 이렇게 쉽게 해결하려는 게 잘하는 일인지 모르겠다. 농사일이 어디 하나 허투루 볼 일이던가. 왠지 같은 밭에 심어놓고 차별하는 것 같아 미안한 마음도 든다.

그러고 보니 밭에서 제일 대우받는 작물은 고추인 듯하다. 밭두둑도 높게 해 주고, 친환경 퇴비로 밑거름도 넉넉하게 집어넣었다. 나무가 튼실해야 열매도 많이 맺고 병충해도 덜 입는다며 남편이 공을 여간 들이는 게 아니다. 작년에 수확한 풋고추를 반 넘어 독식했다고 자랑한 만큼 올해도 그 기대치가 대단한 눈치다. 하긴 금방 따낸 풋고추가 반짝반짝 윤이 나는 걸 보면 저절로 군침이 돈다. 된장에 푹 찍어 먹으면 금세라도 밥 한 공기쯤은 뚝딱 해치울 것 같다. 풋고추에는 귤의 5배, 사과의 12배나 된다는 비타민C 말고도 비타민 A와 B, 섬유소 등의 영양가가 높다니 무척 이로운 식품이겠다.

영양이나 효능으로 치면 우리가 먹을 수 있는 산야초의 어느 한 가지인들 버릴 게 있을까. 내가 가꾸는 작물들에 대해 좀 더 자세하게 알고 싶어 인터넷을 찾아보면, 갖가지 나물은 물론 우리가 흔히 먹는 채소가 그대로 다 몸에 좋은 약이 되는 것 같다. '세상에 쓸모없는 사람은 없다' 는 말처럼, 나물도 제각각의 성질대로 효능을 갖고 있어 건강에 도움을 주는가 보다.

식보가 약보보다 낫다는데, 기왕에 시작한 주말농장에서는 건강한 먹거리를 위해 친환경 농산물로 키우고 싶다. 작은 밭을 나누어 고들빼기, 참비름, 당귀, 씀바귀, 돌나물 등, 먹을 수 있는 야생초를 많이 심었다. 될 수 있으면 자연에 가깝도록 땅도 적당히 거친 채로 놔 두고, 풀도 함께 크도록 조금은 내버려 둔다.

야생초가 대체로 다른 풀들과 어울려 자라지만, 특히 미나리는 풀 속에서 자라면 줄기나 잎이 더 연하다. 햇빛 한 줄기라도 더 받으려고 안간힘을 쓰면서 부대낄 법도 하건만, 오히려 풀과 함께 자라는 게 뻣뻣하지도 않고 부드러운 것을 보면 양보심이 많거나 어울림이 좋은 식물인가 보다. 그만큼 생명력이 강하다는 말이기도 하다. 사람에게 좋다는 산야초들은 거의 다 번식력이 강하고 척박한 땅에서도 잘 자란다.

저절로 날아든 씨앗이 발아되었는지, 쪽파 옆에는 냉이도 제법 눈에 띈다. 나지 말았으면 하는 잡초들도 때가 되면 순서대로 올라와 자리다툼을 한다. 좀 있으면 개망초가 밀물처럼 몰려왔다가 지고나면 달맞이꽃이 올라올 테고, 요즘은 쇠뜨기가 한창이다. 마치 골고루 씨앗이라도 뿌린 듯이 다복솔처럼 탐스럽게 잘도 올라온다. 더 크기 전에 뽑아내야 할 잡초일망정, 주인 격인 채소나 나물들과 어울려 한동안은 제 터라도 되는 듯이 극성을 부리겠지.

어디 그뿐이랴. 덩달아서 불청객인 달개비와 환삼덩굴이 기웃대며 끼어들 테고, 구석구석 차지하고 있는 저 많은 풀꽃들도 서둘러 씨앗을 터트릴 것이다. 흙과 물과 햇빛을 기반으로 나의 작은 산밭에는, 올 한해도 풀들의 종합전시장처럼 각종 푸성귀들이 북적이겠다.

§ 임 은 수 §

- 서울여대 대학원 국문과 졸업
- 1998년 세계일보 신춘문예 수필 당선
- 한국문인협회 회원
- 저서: 시집 『수하리 바람』 문학의 전당, 2009.

장 연 옥

숲에서 삶을 배운다

신은 우주 만물에게 많은 선물을 주지만,
형벌도 한 가지씩은 준다고.
나무는 움직일 수 없는 것이 그것이란다.

한편 사람에게 내려진 형벌은 욕심이라고 한다.
더, 더 잘 살고 싶은 욕심 말이다.

어렸을 적, 숲은 그저 그늘을 만들어주는 곳, 그래서 늘 청회색으로 기억되는 공간이었다. 스쳐 지나가거나 동무들과 술래잡기 하느라 발 빠르게 뛰어다니던 놀이터이기도 했다. 그런 숲이 언제부터인가 나만의 영역으로 자리잡기 시작했다. 새들처럼 고단한 날갯짓을 멈출 수 있는 쉼터가 되어주는 것이다.

한겨울, 잿빛 관엽수림의 단조로운 바람마저 잠드는 날이면, 숲 속은 온통 침묵의 세계이다. 새들도 숨을 죽이고, 계곡물도 산천어들이랑 함께 얼음장 밑으로 숨어버린다. 덩달아 나도 발소리를 감추려고 한 그루 나목이 되어 갈참나무에 기대어 선다. 쨍하고 금이 갈 것 같은 높푸른 하늘은 내 존재를 다 알고 있다는 듯 해맑게 내려다본다. 잡념이 가라앉지 않거나 삶이 거추장스러워 보일 때, 나는 자주 숲을 찾는다. 나무의 의연함과 집착을 내려놓을 줄 아는 용기를 닮고 싶어서이다. 알몸으로 세상에 선다는 것, 춥고 부끄럽기도 할 것이다. 그러나 그렇게 되지 않고서는 나를 투명하게 들여다볼 수 없는 것은 물론, 새 삶을 기대할 수도 없다는 진리를 나무는 내게 행동으로 보여준다.

봄 마중 간 선암사에서 아침 공양을 마치고, 산책길 막바지에 있는 조계산 편백나무 숲으로 숨어들었다. 산자락 하나를 온통 진초록으로 뒤덮고 있는 편백 숲은 키다리 우산을 즐비하게 받쳐 든 형상이다. 비온 후 새뜻한 바람이 나보다 앞질러 숲길을 달려간다. 고개를 한껏 젖히고 올려다보니 하얀 하늘에 검푸른 구름덩이가 촘촘히 떠 있는 것 같다. 드넓은 하늘이지만 이들이 차지하는 공간은 한정되어 있다. 비슷한 키높이로 솟아오른 편백나무들은 빈 하늘을 각자의 여건대로 알뜰히 메우고 있다. 장방형, 세모꼴, 타원 모양, 나무 꼭대기가 자리잡은 하늘방 생김새가 가지각색이다. 이렇게 공간을 나눠 쓰는 배려 덕분에 숲은 깊어질 수 있는 것이리라.

아마도 이 나무들은 긴 세월을 동고동락하며 서로를 너무도 잘 알고 있을 것이다. 지상에 처음 뿌리를 내렸을 때에는 치열한 경쟁자가 아니었겠는가. 그러나 지금 이들은 아름다운 숙명의 동반자가 되어 있다. 만약 홀로 서 있었다면 불안할 정도로 높이 솟은 나무가 거센 바람을 이겨내지 못했을 것이다. 흔드적거리는 모양새가 마치 정자에 모여 서서 곰방대 빼어 물고, 두런두런 한담을 나누는 시골 할아버지들을 닮았다. 거친 바람에 서로 부딪치며 툭툭거리는 소리는 담

뱃재를 털어내는 것 같기도 하다.

편백나무 숲 속에 소나무 세 그루가 섞여 있다. 그 중에 두 그루는 편백나무와 어깨를 나란히 하며 하늘에 닿아 있다. 그런데 나머지 한 그루는 엿가락 늘여 놓은 것 마냥 배리배리한 것이 키 재기가 힘겨웠나, 샐그러지다가 종내는 옆 편백에 업혀버렸다. 용케도 그 상태로 자라나서 하늘 한 귀퉁이를 간신히 차지하고 있다. 얼마나 가쁜 숨을 몰아쉬며 좇아갔을지 짐작이 간다. 가끔 센 바람이 불 때는 두 나무가 맞닿은 부분에서 찌이익~, 신음이 새되게 들린다. 뼈가 드러난 듯 허옇게 된 상처가 너덜너덜하다. 그 통증이 내 몸으로 전해온다. 그래도 저들은 견뎌낼 것이다. 튼실한 편백나무가 약골 소나무를 끝까지 데리고 갈 것만 같다.

한 모퉁이 돌아서 자드락길로 접어드는데, 헌걸찬 느티나무 한 그루가 터줏대감처럼 위풍당당하게 버티고 있다. 우람한 그 기세에 둘레에는 다른 나무들이 들어설 엄두를 못 내었다. 가지를 사방으로 거침없이 뻗으면서 하늘 높이 솟은 터라, 그 녀석이 차지하는 하늘 면적이 넓다. 하늘에 큰 호수를 하나 만들어 놓았다. 다분히 위협적인 존재이다. 아마도 이 느티나무는 편백 숲 조성 이전부터 터를 잡고 있었으리라. 세도가의 자손으로 태어나서 세상 힘든 줄 모르고 살아가는 사람 같다는 생각이 든다. 위화감이 생기기도 하겠지만, 이것 또한 받아들여야 하는 것이 인간사이고 숲의 세계가 아니겠는가.

어느 숲 해설가는 이런 말을 했다. 신은 우주 만물에게 많은 선물을 주지만, 형벌도 한 가지씩은 준다고. 나무는 움직일 수 없는 것이 그것이란다. 척박하거나 위험해도 옮겨 살지 못하고, 씨앗이 뿌려진 곳을 곧 운명의 터전으로 수긍해야만 하는 나무들이 별안간 안쓰러워진다. 한편 사람에게 내려진 형벌은 욕심이라고 한다. 더, 더 잘 살고 싶은 욕심 말이다. 미래를 걱정하고, 지나온 일들을 후회하다가 지금 이 순간을 온전히 살지 못하고 있지 않은가. 가히 최고의 형벌이라고 말해도 모자람이 없을 성싶다.

이른 시각이어서인지 아직까지 인기척이 없다. 여기까지 와서도 어김없이 나의 알량한 소유욕이 발동한다. 코웃음이 흘러나와도 마냥 좋다. 이 널따란 숲이 온통 내 차지라는 사실이 여간 흡족한 게 아니다. 오솔길을 걷다가, 벤치에 앉았다가, 드러누웠다가, 아름드리 나무를 끌어안고 속삭이다가…. 고독까지도 나의 분신이 되어주고, 혼자 있어서 더 외롭지 않은 곳, 빈 몸으로 기어들어서 주머니마다 가득가득 보물을 채워서 나갈 수 있는 곳이다. 망각의 늪에 빠뜨려 버렸던 청보리빛 기억도 새순 돋듯 되살아나고, 숲길을 구불구불 달리는 봄바람은 야상곡이 되어 영혼을 맑혀 준다.

우르릉, 바람이 몰아친다. 숲이 이제야 기지개를 켜는 모양이다. 끼이익 끽, 큰 가지들이 부딪치는 소리이다. 달그락 달그락, 작은 가지들도 장난질한다. 사륵 사르륵, 바람이 잎 사이를 요리조리 지나다닌다. 구굴구구~ 산비둘기도 울고, 까투리도 합세한다. 숲의 하루는 이토록 명쾌하게 시작된다.

행여 그들의 향연에 방해꾼이 될세라, 서둘러 숲 밖으로 빠져나왔다. 인생의 숲으로 돌아가는 발걸음이 한결 가벼워졌다. 싱그러운 숲 속의 이야기가 오래도록 함께할 것 같다.

§ **장 연 옥** §

- 경북 안동 출생
- 서울여대 대학원 국문과 졸업
- 〈순수문학〉 수필 등단
- 한국문인협회 회원
- 수필동인지 『연리지 사랑』 외 다수

전 병 삼

흙내음, 솔바람 소리

지난 늦가을, 김장거리를 거둬들인 후에 무심히 방치해뒀던
대지의 기지개 켜는 외침이,
과일나무들의 안타까운 부름이 귀에 쟁쟁하다.

벌써부터 일주일마다 괄목상대(刮目相對)하게
새로워지는 대자연의 모습,
냄새와 소리들이 궁금하기 그지없다!

여기 피비린 옥루(玉樓)를 헐고 / 따사한 햇살이 익어 가는 / 초가삼간(草家三間)을 나는 짓자. // 없는 것 두고는 다 있는 곳에 / 어쩌면 이 많은 외로움이 그물을 치나. // 허공에 박힌 화살을 뽑아 / 한 자루의 호미를 벼루어 보자. // 풍기는 흙냄새에 귀 기울이면 뉘우침의 눈물에서 꽃이 피누나. // 마지막 돌아갈 이 한 줌 흙을 / 스며서 흐르는 산골 물소리. // 여기 가난한 초가를 짓고 / 푸른 하늘이 사철 넘치는 / 한 그루 나무를 나는 심자. // 있는 것밖에는 아무것도 없는 곳에 / 어쩌면 이 많은 사랑이 그물을 치나.

〈박목월, 흙을 만지며〉

나는 꼭 그래서만은 아니다. 내 주제에, 엄청난 욕망을 추구하지도 못했다. 자연과 더불어 살아야겠다는 소망이 간절한 것도 아니면서 왠지 날이 갈수록 자꾸만 흙내음을 맡고 싶고, 솔바람소리를 듣고 싶어지는 까닭은 무엇일까?

주말이 다가올수록 몸이 근질근질하다. 혹여 강우 예보가 있을까 봐 조마조마하고, 마땅히 반가워야 할 친지들의 결혼 청첩마저 마뜩찮을 경우도 잦다. 경기도 양평군 용문산 자락에 어렵사리 마련한 땅뙈기가 궁금해서다. 뽕나무, 매화나무, 밤나무, 감나무, 대추나무들은 제대로 자라고 있는지, 고추, 상추, 배추, 그리고 오이, 토마토, 가지, 호박들은 시절의 흐름을 놓치지 않고 튼실하게 버티고 있는지….

내가 전문 농업인들처럼 그들을 살뜰히 돌보는 것도 아니다. 번거로운 주말 생활을 해 온 지가 꽤 여러 해나 지났어도 아직까지 농약을 친 적이 한 번도 없다. 벌레가 꼬이든지, 이파리가 쪼그라들든지 그냥 모른 체한다. 마음이야 아릿하지만 꿋꿋이 참는다. 빨리빨리 자라라고 화학비료도 주질 않는다. 밑거름으로, 장인어른의 한의원에서 나오는 한약재 찌꺼기나 축협에서 파는 가축분(家畜糞)을 적당히 뿌려줄 뿐이다. 가끔 어렵사리 구한 목초액을 소독약 삼아 분무하는 것이 고작이다.

그러한 일도 대부분 아내와 함께 하기가 일쑤다. 때로는 사소한 의견 차이로 설왕설래하기도 하지만, 무미건조한 도시의 삶에 색다른 얘깃거리가 있다는 것만으로도 큰 기쁨이다. 더군다나 큰 힘을 보태주는 것도 아닌데, 두 아이들까지 이것저것 참견을 하며 함께한다는 것에서 가족의 행복을 한껏 느낀다.

우리를 보는 농민들의 눈살이 곱지 않다. 그게 무슨 농사냔다. 왔다갔다 하며 들어가는 기름값은 물론, 묘목값이나 씨앗값이 아깝지 않으냐고 안타까워한다. 아무리 그래도 난 괘념치 않는다. 과실수들의 성장을 괴롭히는 잡목들이나 베어 주면서, 작물들을 덮씌우는 무성한 잡초들이나 부지런히 솎아내면서 열심히 땀을 흘리면 그만이다. 목이 마르면 콜콜콜 솟는 옹달샘물로 목을 축인다. 얼마쯤 힘에 겹고, 한낮 햇볕이 따가우면 울창한 소나무 숲 속에 식구끼리 힘을 모아 지어놓은 원두막에서 달콤한 낮잠을 청하기도 한다.

초가삼간이면 더 그럴듯하련만, 오히려 사방이 탁 트인 원두막 한 칸으로 족하다. 구수하게 풍기는 흙 내음과 싱그런 풀냄새, 상쾌한 계곡물 소리와 소슬한 솔바람소리가 막힘없이 드나들지 않는가. '없는 것 두고는 다 있는' '있는 것밖에는 아무것도 없는' 자연 속에서 나는 고단한 삶으로 찌든 심신을 달래는 것이다. 혼자라도 전혀 외롭지 않다. 온몸에서 세포의 생기를 더욱 확연히 느낀다. 흐리멍덩했던 머리는 초롱초롱 맑아지고, 답답했던 가슴은 말끔히 씻기운다. 때로는 새소리, 풀벌레소리에 호흡을 맞춰 콧노래를 흥얼거리면 된다. 시심(詩心)이라도 일라치면, 땀에 젖은 메모장에 떠오르는 시구(詩句)를 끄적여 보기도 한다.

그렇게, 뚜렷이 표가 나게 한 일도 없이 하루해가 저문다. 배도

고프고 집에는 가야겠는데, 우리들의 발길은 선뜻 떨어지지 않는다. 아쉬움으로 밭고랑 사이에서 뭉그적거리다 보면 까만 밤하늘에서 별들이 걱정스럽게 내려다 본다. 우리는 별빛이 마구 쏟아져 내려서야 도란도란 오솔길을 더듬어 산을 내려온다….

주말을 그냥 집에서 빈둥거렸으면 으레 그 다음날은 온종일 찌무룩한 월요병에 시달려야 한다. 그러나 숲속에서, 밭뙈기에서 얼마쯤은 고단했던 몸과 마음은 가뿐하기 그만이다. 뻥튀기를 좀 하면 날아갈듯이 가볍기만 하다. 톱질, 낫질, 삽질, 호미질로 자주 쓰지 않던 근육과 뼈마디 여기저기가 뻐근하고 켕길 때도 있으나, 그 또한 몸에 필요한 운동이라고 생각되어 달갑기만 할 뿐이다.

아, 마침내 지루했던 겨울이 하루가 다르게 물러가고 있다. 지난 늦가을, 배추와 무, 파, 쑥갓 등의 김장거리를 거둬들인 후에 무심히 방치해 뒀던 대지의 기지개 켜는 외침이, 과일나무들의 안타까운 부름이 귀에 쟁쟁하다. 올해는 또 어떤 것들을 가꾸고 돌보면서 주말을 즐길거나? 벌써부터 일주일마다 괄목상대(刮目相對)하게 새로워지는 대자연의 모습, 냄새와 소리들이 궁금하기 그지없다!

§ **전 병 삼** §

- 시인, 수필가
- 이음새 에세이문학회 회장
- 지구문학 작가회의 부회장
- 한국수필문학가협회 회원
- 한국문인협회 회원

정 선 영

9개의 테마

세상을 살아가며 부딪치는 장벽도 그려냈고,
편안하게 느껴지는 나만의 공간도 추상적으로 그려낼 수 있었다.

그림은 마음을 진정시키는 수단이었고
한계 너머의 자유였으며 추구하는 미래였다.

내 머리 속은 이사 후 깨끗이 치워놓은 빈방 같았다. 일주일이 지나도록 아무런 생각이 나지 않는다. 애꿎은 손가락만 시커멓게 변해갔다. 교수님은 9가지 테마를 제시하고 90장을 그려오라고 하셨다. 어쩌지? 90장을 어떻게 그려? 그림이라고는 고등학교 때 미술시간에 그린 초상화가 전부였고 그것도 '다' 등급을 받은 실력인데, 걱정이 되었다.

그래도 재료는 일주일 전에 준비해 두었다. 한 장의 그림도 완성하지 못했지만 목탄과 콘테는 벌써 반이나 줄어들어 있었다. 손가락이 지나간 궤적이 그림이라고 우기면 그 또한 그림이 될 수도 있을 것이다. 생각이 많아질수록 도화지와 손가락은 더 까매지고 주변 사물도 함께 숯검정이 되었다.

추상을 그림으로 표현하는 것이 무엇인지를 모르겠다. 형상을 그리는 것이 아니라는데, 그림과제를 해석하기가 어려웠고 그려놓은 것에 대한 확신이 없어서 더 힘이 들었다. '난 왜 이해가 안 되지?' 동기들은 척척 잘만 그려내는데 설명을 듣고 나서도 이해가 안됐다. 그럴 때면 그림을 그리고 못 그리는 문제에서 나아가 자신의 근본을 흔든다. '나는 부족한 것이 많은 사람이구나! 무엇이 이렇게 만드는 걸까' 늘 그런 식이다. 바보 같다는 생각이 들었다.

다시 마음을 가다듬고 목탄으로 작고 앙증맞은 동그라미를 그렸다. 그 옆에 보다 큰 동그라미를 넣으며 콘테로 좀 더 음영이 짙게 만들었다. 이번엔 그 사이에 아주 작은 동그라미도 그렸다. 그렇게 크고 작은 동그라미를 그려 갔다. '제목만 그럴싸하게 붙이면 나름대로 추상적 이미지로 제법 괜찮겠는데' 나도 모르고 너도 모를 것 같은 그림을 두고 회심의 미소를 지었다. 처음으로 탄생한 작품 테마는 '꿈'이었다.

도화지에 그림을 그리라고 하면 난 자꾸 동그라미가 먼저 떠오른다. 뭉실뭉실 동그라미들이 몰려 있거나 점점 커지거나 작아지는 동심원들. 바닥에 빗방울이 흘러내린 모양처럼 보이는 흐릿한 번짐. 동그라미를 변형해서 몇 장을 더 그리니 제법 진도가 나가는 것 같았다. 하지만 이내 빈곤의 벽에 닿았다. 도저히 내 머리에서 순수하게 이미지를 찾아낸다는 것은 불가능하다는 생각이 들었고 이어 갈피를 잡기가 어려웠다. 문득 얼마 전에 보았던 그림에서 연상했던 이미지들이 떠올랐다. 가슴이 두근거렸다. 순간 지금껏 걱정되던 마음이 가시며 희망이 솟는 그런 야릇한 기분에 휩싸였다.

세상을 살아가며 부딪치는 장벽도 그려냈고, 편안하게 느껴지는 나만의 공간도 추상적으로 그려낼 수 있었다. 마구 솟구치는 분노도 표현하고 완성하고자 하는 바램의 응축이 무엇인지도 그림으로 나타냈다. 아픔과 동통, 언젠가 털어내야 할 가슴앓이는 그리기가 훨씬 쉽게 느껴졌다. 복잡하고 얽혀있는 심정을 어지럽게 형상화하니 그럴듯해 보였다.

조금 전 만해도 풀죽어 있었는데 그 사람들 못지않게 나도 잘 나가는 것 같아 약간 으쓱한 생각마저 들었다. 어쨌든 나는 한나절 만에 십여 장의 그림들을 완성했다. 색이 섞이지 않도록 고정액도 뿌려야 했다. 다닥다닥 붙여가며 책상위에 펼쳐 놓고도, 이내 주변 바닥까지 그림들로 가득한 풍경이 되었다. 흐뭇했다. 하나같이 소중했다. 사실 나는 그림을 배운 적이 없어서 남들보다 더 잘 그려야 한다거나 눈에 띄는 독특한 그림을 그려야 한다는 생각은 조금도 없었다. 다만 학교를 무사히 마칠 수 있는 것에 관심이 있었기 때문에 과정을 따라가는 것에만 초점을 두었을 뿐이었다. 오죽하면 그림 과제가 너무 부담스러워 병원에라도 입원하고 싶다는 생각을 했을까. 그림은 나의 아킬레스건이었고 고통이었으며 뛰어 넘어야 할 장애물이었다. 또한 그림은 마음을 진정시키는 수단이었고 한계 너머의 자유였으며 추구하는 미래였다.

나의 고통은 정말 나만 느껴지는 것이었을까? 정작 동기들은 그림을 잘 그렸다고 솜씨가 있다며 칭찬해 주었다. 뜨끔했다. 그 말을 받아들여야 할지 아니라고 부정해야 할지 얼른 생각이 나질 않아 망설이다가 대답대신 "정말 그렇게 생각해?" 되물었다. 실은 내가 순수하게 그린 것이 아니라 책을 보고 영감을 얻었다는 것을 알아챌까봐 눈치를 살폈던 것인데, 참 해맑게도 웃으며 고개를 끄덕여주었다.

결국 누구나 말하는 현실이 나의 것이 아닐 수도 있고 나의 현실이 또 다른 사람에게는 적용이 안 되는 것일 수도 있다는 생각을 했다. 사물을 바라보는 시각도 자신의 지난 이야기로 연상되도록 감정을 투사시켜 각기 다른 의미를 부여 하는 것처럼 말이다.

다른 그림에서 나만의 연상을 떠올렸듯이…….

누군가를 모방하는 것이었지만 그 또한 나를 통한 [추追창조]였다. 그림을 그리면서 애써 자신을 감추려했던 나에게 미안한 생각이 들었다.

나는 여전히 목탄가루 묻은 손가락으로 타인의 그림을 연상하며 9가지 테마로 구성된 90장의 그림들을 채우기 위해 작업실로 돌아왔다.

§ **정 선 영** §

- 미술치료사
- 도림고 상담교사
- 가천대, 강동대 강사

조 영 철

힐링문화 확산으로 신 선진국시대를 열자

압축경제성장에 따른 물질 만능주의는 개인의 행복추구보다는
치열한 경쟁 가운데 정신적인 위축과 비교 열등감으로
마음의 갈등을 증폭시켜 왔다.

자연친화적인 환경속에서 유아, 청소년성장기를 보내도록
교육과정속에 힐링문화관련 내용을 넓히고
체력활동을 통해 정신적인 안정감과 함께….

몇년 전까지만 하더라도 의과대학생들이 선호하는 진료부문이 피부과, 안과, 인비인후과에서 최근에는 정신신경과, 재활의학과, 영상의학과로 바뀌었다.

시장수요와 공급 법칙에 따라 자연스럽게 세상의 변화에 맞춰 변해버린 것이다. 그렇게 인기를 누리던 한의학과는 뒤로 밀리는 변화의 소용돌이에 있는 것이다. 이처럼 미래를 예측하기 어렵고 급물살을 타고 있는 것이 우리가 처하고 있는 생활환경 변화이다.

2012년 현재, 세계 184개 국가 중 인구 5000만명 1인당 GDP 2만불 이상 되는 나라에 한국이 7번째로 가입했다. 쉽게 이야기해서 짧은 기간내에 잘사는 국가로 변했다.

그러나 고속성장에 따른 부작용으로 삶의 행복지수는 급격히 나

빠진 것이 사실이다. 21세기를 살고 있는 현 상황과 앞으로를 전망해 볼 때, 시대변화에 따라 핵가족화되고, 디지털화, 복잡 다양화되어 가는 사회 구조속에서 정신건강 부문이 가장 큰 문제점으로 부각될 것이라고 생각한다. 이를 치유하는 정신신경과 의사의 수요는 급속한 증가를 보일 것으로 예상된다.

지난 사오십년 동안 압축경제성장에 따른 물질 만능주의는 개인의 행복추구 보다는 치열한 경쟁 가운데 정신적인 위축과 비교 열등감으로 마음의 갈등을 증폭시켜 왔으며, 남보다 앞서야 한다는 초조감과 낙담은 마음의 상처를 더욱 심화시켜 가고 있다.

또한 핵가족화, 독신, 독거노인 증가는 함께 사는 세상에서 얻을 수 있는 안정감과 풍부한 정서를 깡그리 마르게하여 소외감과 고독속에서 사람들을 자살이라는 막다른 골목으로 몰아넣고 있다.

어느 내과의사는 위장병으로 고생하는 여성환자의 80%는 위장약 대신에 편안하게 이야기를 들어주고 비타민을 처방해줘도 며칠후면 완쾌되어버린다는 이야기를 하며 정신적인 폐해가 얼마나 심각한지를 나타내는 예로 들었다.

그래서 우리나라는 사회 구석구석에 치유(힐링)에 대한 새로운 문화가 확산되어야 하며 구체적인 제도와 교육과 방법이 강구되어야 하겠다.

첫째, 국가차원에서 정신질환을 개인이나 가족의 책임으로 전가

할 것이 아니라 현상을 파악하고 치유 세부대책을 수립하여 중장기적으로 추진해 나가야 하겠다. 정신질환으로 고통받고 있는 수많은 개인이나 가족들이 헌법이 보장하고 있는 국민복지와 행복추구권을 향유할 수 있어야 한다고 본다.

두 번째는, 건강한 생활문화 조성과 예방 차원의 힐링문화 확산이다. 숲, 냇물, 바다, 별, 야생동물 등 자연친화적인 환경속에서 유아, 청소년 성장기를 보내도록 교육과정 속에 힐링문화 관련내용을 넓히고 체력활동을 통해 정신적인 안정감과 함께 사는 공동체 훈련을 강화해 나가야 하겠다. 독일의 힐링문화사례는 개인이나 공동체 생활 속에 힐링이 얼마나 넓게 파급되어 있는지를 알 수 있는 벤치마킹 대상이다.

세 번째는, 학문적으로 힐링문화를 체계화하고 연구하는 기관이 육성되어야 한다. 유사한 연구소나 단체들이 산재해 있으나 아직 태동기 수준이라 하겠다. 관련 연구원이 함께 모이고 "힐링문화 확산 및 정착"이라는 원대하고 명확한 목표를 세워 3년, 5년, 10년 후에는 대한민국이 동북 아시아존에서 새로운 글로벌 힐링문화국가로 발돋움하기를 기대해 본다.

§ **조 영 철** §

- (사)CEO지식나눔 공동대표
- 전 CJ홈쇼핑사장

조은기

농업은 왜 존재하여야 하는가

농업은 지구 온난화로부터 가장 취약한 산업이면서 동시에
가장 강력한 중심 산업이 될 수 있다.

그래서 '농업은 생명, 농촌은 미래' 라는 구호가
지구촌 가족의 영원한 숙제이기도 하고 바람이기도 하다.

농업은 얼마 전까지만 해도 주목받지 못하는 산업이었다. 세상은 '얼마나 빨리 많은 이윤을 낼 수 있는가?' 라는 잣대로만 농업을 재단했기 때문이다. 인간은 산업사회가 가져다 준 문명의 편리함을 극한의 상황에서는 포기하고 불편을 감수할 수 있지만, 식량은 포기할 수 없는 영역이다. 식량은 인간이 생존하기 위한 최소한의 조건이기 때문이다.

그래서 세계는 지금 농업에 주목하고 있다. 지구 온난화 시대의 식량 위기와 에너지 문제를 극복하기 위해서 인류는 지금까지 해왔던 어떤 노력보다도 더욱 절실하고 치열한 기술 개발을 진행하고 있다. 농업은 그 중심에 있다.

세상은 아는 만큼만 보이는 법이다. 이제 농업 문제는 시장의 세계화뿐 아니라 전 지구 차원의 문제의식 없이는 한 치 앞을 예상하기 힘든 절박한 과제가 되었다. 지구 온난화로 인한 이상 기후와 세계적인 식량 파동은 농업 문제의 절박함을 알려 주는 경고이다. 그 어떤 산업도 앞으로 100년간 일어날 지구 온난화의 재앙으로부터 벗어날 수 없다.

농업은 지구 온난화로부터 가장 취약한 산업이면서 동시에 가장 강력한 중심 산업이 될 수 있다. 식량을 포기한 다른 산업의 발전이란 있을 수 없는 일이기 때문이다. 우리의 농업 정책도 이런 세계적인 흐름을 읽을 수 있는 농업 인재를 길러내는 데 투자를 아끼지 말아야 한다. 그것이 진정한 경쟁력의 핵심이기 때문이다.

작년 일본은 전대미문의 지진과 쓰나미로 방사능 오염이라는 치명적인 재앙을 입고 있다. 그러나 정작 재앙은 이제 시작이다. 가장 큰 재앙은 오염지역의 농산물과 축산물을 먹을 수 없다는 것이다. 이미 일본인들은 자국의 농산물이 "오염전이냐 아니냐"를 두고 소비심리가 위축되고 있다. 이제 일본은 어디로 가야 하나? 그 답은 한국 농산물이다. 요즈음 한국의 채소, 곡물, 과일 등 그 값이 최소 50% 이상 폭등하고 있고 그 피해는 일본인들도 물론이지만 덩달아 한국 국민들도 손해보고 있다. 이만큼 농업은 피해가 복잡하고 다단계로 영향을 미치고 있어 농업의 중요성이 더 한층 부각되고 있다.

한편, 유럽은 농민이 되려면 자격시험을 통과해 자격증을 따야 한다. 농업이 전문직이다. 정부의 지원과 혜택도 이러한 농민에게만 철저하게 집행되고 있다. 각종 전문 기술교육과 컨설팅까지도 철저하게 정부의 정책 아래서 이루어지고 있으며 이러한 교육을 담당하는 지역별 교육 시스템을 갖추고 있다. 독일은 농촌 관광이 전체 농가의 30%에 달할 정도로 활성화되어 있는데, 농가 민박에 대한 교육까지도 체계화되어 있다.

우리나라도 점차 전문 농업경영인들이 늘어나고 있고 CEO형 전문 농업인을 양성하는 교육 기관도 세워지고 있다. 우리나라에서 농업을 전공한 4년제 대학생들의 영농 정착률은 5%가 안된다. 이러한 현실적인 문제를 극복하고자 설립된 농촌진흥청 산하 한국농수산대학 졸업생들의 영농 정착률은 95%에 달한다고 한다. 농촌에 정착한 졸업생들 연평균 소득은 5천만 원이고, 이 가운데 20%는 1억 원이 넘는 고소득을 올리고 있다.

이것을 가능하게 한 힘은 교육과정이 철저하게 현장중심으로 체계화되어 있을 뿐만 아니라, 졸업생들이 지역에서 농업을 이끌어가는 인재로 자리 잡을 수 있도록 졸업 후에도 농산물 브랜드 개발이나 전자상거래 시스템 구축 같은 일들에 대해서 학교가 지속적이고 체계적인 지원을 하고 있기 때문이다.

최근 경북 영양의 2011년 농가 소득이 화제가 되고 있다. 영양군 4,000호 정도에 400호가 1억이 넘었다는 통계가 나와 있다. 영양 고추의 기술재배가 빛을 본 해였다. 영양에 고추시험장이 17년 전인

1995년 설립되었다. 고추의 친환경재배 기술이 다른 시 · 군보다 우수하다고 판단된다. 2011년의 다른 시 · 군의 고추 작황이 좋지 못하여 고추가격이 지난 30년 동안 최고의 가격으로 올랐다. 2011년은 각종 병해충이 심하여 고추농사가 그야말로 어려웠다. 그러나 영양군의 경우 이러한 어려운 조건에서도 오히려 수확량이 많아져 그 기술의 덕을 톡톡히 본 것이다. 이것이야말로 기술농업의 정수를 보여준 것이라고 생각한다.

앞으로 기술농업은 더욱 더 가치를 발할 것으로 보인다. 기술농업은 기후변화의 일선에 서서 병해충, 기후의 악조건과 대처 할 것이다.

농업이라는 분야는 우리 지역사회에서 생명으로 출발하여 돈이 되는 농업, 더 나아가 건강을 지켜주는 농업, 자연을 보존하는 농업, 문화와 관광 등 놀거리, 웃을거리와 볼거리를 제공하는 4차원적인 삶의 근본 농업으로 발전해 가고 있다. 이러한 최신 농업이 봉사와 헌신 그리고 인류복지의 농업이다. 어려운 사람들에게 쌀 한 톨 나누어주는 농업이 인간의 기본적인 농업의 참 모습이 아닐까. 그래서 '농업은 생명, 농촌은 미래'라는 구호가 지구촌 가족의 영원한 숙제이기도 하고 바람이기도 하다. 지구촌의 모든 사람들이 식량문제를 해결하여 행복한 삶을 이룰 때까지 농업은 그 역할을 다해야 하지 않을까…….

§ 조 은 기 §

- 전 국립농업과학원장
- 전 농업기술실용화재단 총괄본부장
- 현 경북대학교 초빙교수
- 현 한국종자포럼 이사
- 현 글로벌리더스 포럼 사무총장

최민희

스트레스와 화를 향수로 다스리자

눈에 보이는 상처가 치료도 빠른 법이다.

속에 곪은 상처를 치료하지 않으면 약효가 없는 법인데.
보약보다 더 좋은 것은
대 우주를 삼킬 수 있는 우리의 마음속이 아닐까

눈에 보이는 상처가 치료도 빠른 법이다.

겉은 멀쩡한데 속에 멍이 들면 왜 아픈지, 어디가 문제인지 한참을 찾아야 한다. 건강에 좋다고 이것저것 챙겨 먹는 사람들이 주변엔 적지 않다. 산행하기 좋은 5월 삼삼오오 짝을 지어 녹음이 짙은 숲 속 길을 걸으며 자연이 주는 아름다움에 흠뻑 취해 자연의 허락 없이 탐음한다.

인터넷이 발달되면서 소통이 더욱 더 원활해져 각종 동호회가 수백 수천이 넘게 활동하며 회원 모집이 한창이다. 좋은 약재를 내 손으로 캘 수 있다는 약초동호회, 심마니동호회, 산야초동호회, 산나물동호회 등등이 있다. 물론 치료할 대상자가 환자인 경우는 절박할 것도 같다. 속에 곪은 상처를 치료하지 않으면 약효가 없는 법인데. 보약보다 더 좋은 것은 대 우주를 삼킬 수 있는 우리의 마음속이 아닐까?

'사는 것 자체가 스트레스'라고 말하는 사람들이 많다. 무슨 일을 해도 즐거운 마음보다는 이것저것 이유를 달며 퉁명스럽게 말하고 행동하는 것도 거의 일상이 되어버린 이들도 있다. 적당한 스트레스는 약이라고 하지만 힘든 삶을 사는 이들에게 '적당하다'는 위로가 되지 못하는 것이다.

스트레스는 과연 어디서 오는 것일까? 잘 먹고 잘 살기 위한 이기적인 나로부터 출발한 것은 아닌지? 독배를 마시고 "너 자신을 알라"는 말을 한 소크라테스처럼 스트레스의 주범을 찾고 싶다면 자신의 속내를 찬찬히 들여다 보는 것이다. 스트레스 원인을 제공하는 자, 받는 자 모두 나 자신임을 알게 된다.

1990년대 가톨릭에서 "내 탓이오" 라는 캠페인을 벌인 적이 있다. 정말 내가 죄인이다. 소설의 주홍글씨처럼 차량에도 붙이고 티셔츠며 모자 등에도 종종 붙이고 다니는 사람들을 본다. 단어 몇 개가 주는 의미는 대단하다. 타인에게 모범이 되어야 할 것만 같은 마음 그리고 글자가 적혀 있는 것을 바라보며 공감하는 반성의 마음이다. 정말 딱 맞는 말인 것 같다. 나의 잘못을 알면 스트레스를 지금보다 반으로 줄일 수 있을 테고 이웃에게는 눈살 찌푸리는 일도 없을 텐데 사회에 이런 캠페인을 지속적으로 벌리다 보면 조금은 살맛 나는 세상이 되지 않을까?

날씨가 더워지면서 불쾌지수가 급상승한다. 또 사람 중에는 성격적으로 화를 잘 안 내는 사람이 있는가 하면 불쇼 하듯 마구 뿜어내며 화를 참지 못하는 사람도 있다. 적당히 화를 내야 건강에 좋다. 나쁜 기운의 에너지가 계속되어 화를 마음에 품게 된다면 무슨 일이든 잘 풀리겠는가? 사회는 나 혼자가 아닌 이웃과 더불어 사는 공동체인데 소리 한번 질러서 풀릴 수 있다면 모르겠지만, 마음속의 화를 적절히 쏟아 낼 대안을 생각해 봐야 한다. 당연히 내가 가지고 있는 좋지 않는 마음이 삶의 무게가 될 것이다. 그럼 무엇이 필요할까?

사는 동안 용서할 일을 찾아보자. 용서를 구할 일도 많다. 내가 사는 사회에는 용서를 하기보다는 용서 받기만을 원하는 사람들이 너무 많다. 일단 자기 마음이 편하고 보자는 심보이겠지만 그렇게 하면 언제까지 그 마음이 편해질 수 있을까? 먼저 손을 내밀면 편해지는 것을 나이가 많아서, 상사라서, 선생님이라서, 남자라서, 여자라서 등등의 핑계를 들먹이며 상대에게 화와 스트레스를 제공해 준 적은 없는지 한번 생각해 볼 일이다. "내 탓이오." 슬로건처럼 모든 것이 마음에 있는 것인데... 상대의 모습은 나의 거울이라고 하는데... 마음이 움직이면 몸은 자연히 따라오게 되는 것임을 왜 우리는 깨닫지 못할까

얼마 전 아토피 피부염에 대해 대전에 있는 모 대학생들에게 강의를 한 적이 있다. 아토피 피부염의 원인은 크게 유전적인 요인과 환경적인 요인으로 나뉜다. 환경적인 요인으로는 인스턴트식품인 커피, 과자, 청량음료, 햄버거, 햄, 라면 등과 같은 것들이 아토피를 유발하

는 것이다. 매일매일 쏟아져 나오는 다이옥신, 더욱 더 몸 편하고 마음 편하게 살기 위한 서구식 문화나 식단이 우리생활에 자리잡으면서 우리를 병들게 공격하는 것이다. 결국 몸속 혈액을 탁하게 하면서 그 지방들이 싸여 피부 트러블을 일으켜 아토피 피부염이 발생한다는 예시적 강의를 한 적 있다. 그러고 보면 1970년대 말 아파트가 지어지면서 서구식 주거 환경으로 바뀌면서 건축물 자재는 포름알데히드가 내뿜는 환경에서 살고 있는 것이다. 포름알데히드가 모두 날아 가려면 7년 이상은 걸린다고 하는데 우리는 환경호르몬 위에서 잠을 자고 공부를 하며 음식을 섭취하고 휴식을 취하게 된다.

100년 전 할아버지, 할머니의 삶을 들은 적이 있는가?

참으로 몇십 년 사이 환경이 많이도 변했구나! 라고 생각을 해 본다. 옛 추억을 찾아 떠나는 고향의 길도 번지수도 이젠 찾을 수가 없다. 내가 내 자녀에게 무엇을 보여주며 이야기해 줄 수 있을까? 우리 딸은 엄마 때의 삶을 어떻게 이해할까? 또 할머니, 할아버지가 살던 시절의 환경은 정말 호랑이가 산 속에서 나오는 무서운 환경 그리고 불편한 밀림과 같은 환경으로만 알고 있지 않을까?

내가 살던 몇십 년 전만 해도 펌프로 물을 끌어 올리거나 우물 물에 두레박으로 떠서 물동이에 담아 이고 다닌 적이 있다. 지금의 20대는 모를 것이다. 집은 어떠했나? 황토로 지은 집에 산에서 마른 솔가지와 나뭇가지들을 주워와 아궁이에 불을 지피며 가마솥에 밥을 해서 먹었었다. 지금은 옛 시골집의 풍경으로만 생각하는 것은 아닌지

가끔 아련한 옛 기억뿐이다. 지금은 시골집이나 펜션 등에 가야 볼 수 있는 장면이다. 그래서 그런지 스트레스와 화가 없는 사회를 위해 귀농을 하고 고향집으로 귀향하는 귀농 인구들이 점점 많아지고 있는 것 같다. 얼마 전 늦은 밤 텔레비전에서는 귀농이라는 다큐프로가 현장감 있게 방송되었다. 도시의 스트레스와 화에 노출되어 있는 우리들에게 마음의 풍요를 찾아 떠나 건강도 지키고 농사로 돈도 벌 수 있다는 내용이었다.

작년 프랑스 남부 도시 그라스 향수마을의 향수학교에 공부하러 다녀온 적이 있다. 100년 전 그라스는 목장이 있는 마을이었다. 인구는 5만명이고 목장에서 도살된 가축들의 가죽을 이태리의 피렌체로 수출하는 작은 마을이었다. 가축냄새를 없애려고 시작한 향(香) 연구가 작은 마을에 부를 안겨주었다. 지금의 그라스는 세계 여러 화장품과 향(香) 산업에 관심 있는 자들을 불러 오게 하는 세계 화장품 향 사업의 중심도시가 되었다. 인구의 80%는 향수와 관련된 일에 종사하고 있다. 그라스 인근 지역에는 라벤더 농장이 있다. 또 기차로 1시간 거리의 액상프로방스역으로 가면 화장품 향으로 유명한 록시땅 회사의 보라색 라벤더 밭과 농장이 있다. 세계적인 회사들이 프랑스의 작은 도시에 집중하고 있다. 향 산업과 함께 사람들에게 향기를 통해 오감을 자극하며 미소를 선사한다. 그들은 "좋은 향을 맡는데 스트레스를 왜 받나요?" "화는 왜 내나요?"라고 물을 것이다. 스트레스가 없는 마을, 화가 나지 않는 마을, 그래서 액상프로방스는 세계 7대 살고 싶은 마을이라고 한다.

즐거운 마음, 긍정적인 마음에서 표정도 아름답게 나오듯 요즘 아이들이나 젊은 남녀나 나이 드신 할머니 할아버지들을 볼 때면 그들의 인생이 참으로 고달팠겠구나 하는 생각을 하곤 한다.

행복은 먼 곳에 있는 것이 아니라 바로 내 마음에 내가 주인이 되어 행복하게 만들어 가는 것이라고 생각한다.

"잘 살아보세. 잘 살아보세. 우리도 한번 잘 살아보세…" 1970년대 박정희 정권 때 경제희망을 위해 불렀던 노래를 기억한다. 잘 살려면 어떻게 해야 하는 것일까?

요즘같이 잘 먹고 잘 사는 이 편안한 세상에 왜 굳이 시골을 동경하며 귀농하려는 것일까? 그건 바로 스트레스와 화를 멀리하고 내 건강과 내 가족 건강을 지키며 자연과 하나가 되어 풍요로운 삶을 찾고 싶어 하는 우리의 기본 마음이 아닐까 싶다.

§ **최 민 희** §

- 건국대학교 향장생물학전공 박사과정
- 국제홀리스틱아로마테라피협회장
- 국제공인 아로마테라피스트
- 강원대, 대전대, 명지대 출강

허 숭 실

뱀딸기와 대상포진

약초의 즙이 다 스며들어, 신기하게도 붉게 성이 나있던
발진이 잦아들고 화농도 수그러들었다.

명약은 인간을 비롯한 모든 생명의 터전인 자연에 있다.
자연은 생명체의 자궁이며 탯줄인 것을 망각한 듯….

삼한사온이 사라진 겨울은 폭설과 혹한이 계속되며 끝날 것 같지 않았다. 인간의 무절제한 욕심이 저지른 생태계 파괴로 자연계가 화풀이를 하는가 싶었다. 꽃샘바람을 몰고 와 몇 차례 뒤넘기치더니 겨울이 마침내 물러갔다. 자연의 섭리는 인간의 어리석음을 언제까지 참아주려는지! 계절의 발걸음을 믿고 느긋하게 기다리자, 봄은 예년처럼 찾아왔다.

쌓인 눈이 녹아 흙 사이로 가만히 스며든다. 덮인 낙엽들 사이로 따스한 햇살을 온 몸으로 맞으며 파릇한 싹들이 고개를 내밀고 있다. 움트는 여린 싹들과 입맞춤을 하고 싶다. 매화는 수줍은 듯 하얀 꽃잎을 열었다. 암향이 방안으로 스며들어 어지럼증이 일 지경이다. 할미꽃과 애기수선화도 꽃봉오리를 쏘옥 내밀었다. 튤립은 빨강색, 노란

색 줄맞추어 꽃밭을 채워간다. 무스카리를 한 곳으로 모아 주어야 할 텐데 벌써 보라색 꽃이 피기 시작한다. 꽃바람에 들뜬 처녀마냥 창 밖을 바라보며 흙을 만지고 싶어 조바심이 인다. 정원에선 나의 손길이 필요하다고 여기저기서 윙크하는데 나는 발이 묶였다.

깁스를 풀고 마당에 자유롭게 나갈 날을 기다리는 시간은 참으로 길고 지루했다. 겨우내 추위에 감기 걸릴세라, 눈에 미끄러져 넘어질까, 조심조심 또 조심했는데, 집안에서 발가락이 부러지다니. 봄이 오는 문턱에서 깁스를 한 채 달포를 지옥에 갇힌 기분으로 지냈다. 프랑스 계몽주의 작가 볼테르가 사소한 일로 바스티유 감옥에 갇혔을 때의 상황을 떠올려 보며 위안을 받기도 했다. 몸과 마음까지도 지루함과 우울함으로 정복당해 있었다.

긴 기다림 끝에 드디어 깁스를 풀었다. 그런데 반대편 다리가 아파서 걸을 수가 없다. 그동안 한쪽 다리만 무리하게 사용해서 근육이 뭉친 것이라 생각하여, 물리치료를 받았는데, 통증은 더욱 심해지고 발진이 돋기 시작했다. 뒤늦게 서야 그 무섭다는 대상포진이란 진단을 받았다. 대상포진, 전쟁 중 작전 명령인 듯 무시무시한 병명이다. 깁스 때문에 괴로웠던 것은 비교도 되지 않을 만큼 아프고 고통스럽다. 무릎에서부터 대퇴부까지 피부가 불에 덴 것처럼 따갑고 쓰리다. 찢어지는 것처럼 아프다. 근육통으로 이어지더니 뼛속까지 저리다. 저절로 비명이 터져 나온다.

더 뜨거운 지옥을 오르내리던 어느 날, 이웃새 인터넷카페에서 눈이 확 떠지는 글을 발견했다. 거북 선생님이 연재중인 '백화제방(百花濟放) 9편(뱀딸기꽃, 씀바귀꽃, 고들빼기)'의 한 구절이었다.

'뱀딸기가 한방에서는 사매(蛇莓)라는 생약이름으로 불리는데 항암작용을 비롯해서 혈액순환을 원활하게 한다. 몸속의 독소를 없애주고 소화를 도울 뿐만 아니라 여러 가지 외상 치료에도 효험이 있다. 게다가 병에 대한 면역력을 길러주어서 면역력이 떨어졌을 때 걸리는, 통증이 상당히 심하다는 대상포진에도 찧어서 바른다고 한다. 특히 뱀에 물렸을 때에도 그 잎을 찧어 바른다니, 뱀딸기란 이름이 그냥 붙은 이름은 아닌 모양이다'.

너무 반가운 나머지 주저 없이 댓글을 달았다. "거북 선생님, 저 대상포진에 걸렸거든요. 뱀딸기 좀 캐다 주세요. 그것을 붙이면 통증이 좀 줄어들까요? 정말 너무 아파서 무슨 처방이라도 받고 싶어요."

이틀 후 이음새에세이 모임에서 거북 선생님은 뱀딸기가 수북이 담긴 비닐봉투를 건네주셨다. 봄 햇살을 이고 뱀딸기를 찾아 탄천 둔덕을 구부정하니 걷는 거북님의 모습이 선했다. "정말 캐오셨어요? 고맙습니다. 선생님." 가슴이 확 뜨거워져서 달리 감사를 표할 수가 없었다.

집에 돌아오자마자 뱀딸기 뿌리에 묻은 흙을 씻어내고 맑은 물에 담가, 잎에 생기가 돌기를 기다렸다. 싱싱해진 뱀딸기를 잎과 열매까지 따서 옥돌절구에 넣어 옥돌방앗공이로 콩콩 찧었다. 얼마나 귀하게 얻은 것인데! 한 잎이라도 튀어 나갈세라 손으로 막으며 조심스레 찧었다. 잎이 뭉그러지고 열매가 으깨어져 녹즙이 고였다. 그러나 정작 약초를 붙이려는 순간 겁이 났다. 혹시나 벌겋게 성이 나있는 발진에 올려놓았다가 더 아프면 어쩌나. 덧나지는 않을까? 그러나 약초를 캐느라 아픈 무릎을 꾸부린 채 옮겨 다니셨을 거북님의 정성이 고마워서 덧나더라도 무조건 시도해 보기로 했다.

쑥뜸을 뜨듯이 약초를 둥글게 빚어 발진 부위 위에 소복이 올려놓았다. 넓적다리 전체가 발진으로 울긋불긋해서 약초를 붙이다보니 후미진 곳은 차례가 가지 않았다. 약초가 잘 스며들도록 손가락으로 꼭꼭 누르면 그렇게 따끔거리던 상처가 시원하고 편안해졌다. 두 시간여가 지나자 약초의 즙이 다 스며들어 푸슬푸슬해졌다. 신기하게도 붉게 성이 나있던 발진이 잦아들고 화농도 수그러들었다. 약초를 붙이지 못한 곳은 그 뒤에도 오래도록 아프고 더디 아물었다.

거북 선생님은 서두름도, 과장도, 아첨도 없이 자신의 소신을 무뚝뚝하게 표현하고 지켜 오신 분이다. 고전문학을 알기 쉽고 재미있게 풀이할 뿐 아니라 수필 합평 시에는 가차 없이 날카롭게 지적하신다. 양약과 독약을 가려내어 적절하게 치료할 수 있도록 도와주는 분이 명의이듯, 거북 선생님은 문학의 명의이다. 한의사이신 부친의 의술을 전수라도 받은 듯, 자생식물의 생태 이야기에서 뱀딸기의 효능을 입증하셨다.

명약은 인간을 비롯한 모든 생명의 터전인 자연에 있다. 자연은 생명체의 자궁이며 탯줄인 것을 망각한 듯, 인간은 자연을 소모품이나 전유물로 착각하며 산다. 인류는 첨단과학의 발달로 물질적 번영을 누리며 생명의 원천인 지구를 서서히 침몰시키고 있다. 인류는 자연의 변이와 위기가 자신에게 닥쳐올 재앙임을 알면서도 오늘의 삶에 매달린 채 외면하고 있다.

환경보존과 생태계 유지가 곧 인류의 건강을 지키고 생명을 보전하는 일임을 깨달아야 한다. 아기가 칭얼대다가도 엄마의 품에 안겨 젖내를 맡으면 울음을 그치고 편하게 잠이 든다. 우리도 육신의 질병뿐 아니라 마음의 불안과 피폐함으로 견딜 수 없을 때, 숲이나 바닷가를 자주 찾아간다. 그러면 우리의 심신이 회복되어 평온해 짐을 느끼게 된다. 자연을 주어진 대로 건강하게 보전해야만 인간도 건강을 지킬 수 있음을 다시 돌아보게 한 소중한 체험이었다.

§ 허 숭 실 (허윤정) §

- 수필가
- 이대 불문학과 졸업
- 한국문인협회, 이대 문인회, 이음새 에세이문학회 회원
- 수필집 :『꽃은 흔들리며 사랑한다』